日本人が忘れてはいけない終戦秘話

一杯のコーヒー

昭和天皇とマッカーサー

綾野まさる

ハート出版

●目次

I

天皇、皇后と大震災

異例のメッセージ

あの日、二度、三度、四度と、はげしい揺《ゆ》れが日本列島をおそった。そして、とてつもなく巨大な水のかたまりが、太平洋岸にまるで魔物のように押しよせた。

がれきと海水のまじりあった津波が、濁流となって人家を、畑を、道路をのみこんでいく。走っている車に波はのしかかり、海へ、海へと車はひきずられてゆく。

かけがえのない命が、藻《も》くずのようにのまれていく……。テレビの画面を、正視することができなかった。

２０１１年（平成23年）３月11日、午後２時46分――、東日本を直撃した巨大地震は、マグニチュード8・8という国内観測史上、最大のエネルギーを記録した（後日13日、9・0に上方修正）。宮城《みやぎ》県栗原《くりはら》市で震度7。震源から遠い東京も、震度5強で揺れた。

大震災が発生したとき、天皇《てんのう》、皇后《こうごう》は皇居・宮殿でご公務にのぞまれていた。揺れが長くつづいたため、一時、建物の外に出て南庭《なんてい》に退避された。

その後も、余震はつづく。両陛下《へいか》の身の安全を心配した周囲が、地下に避難されることをおすすめした。ところが陛下は、「そういう必要はない」と、かたくなまでに拒《こば》まれたという。そして――、

「いま、東北の人たちは、苦境にさらされている。心細い思いをしている。だからいま、国民をはげますことが、私たちのつとめ。いまこそ私と皇后ががんばらなくては、がんばるときがないではないか」

このような思いを、陛下は側近らに強い口調でおっしゃったという。

昭和が平成となり、新天皇に即位されてから、陛下は皇后・美智子《みちこ》さまと心

をひとつにされ、新しい皇室をめざされてきた。そこに凛《りん》としてあるのは、どんなときも「国民とともに」、そして「国民につくす」という、ゆるぎないお気持ちである。

大震災から5日がたった3月16日、天皇陛下はテレビをとおして、国民にかたりかけられた。

「被災者のこれからの苦難の日々を、私たちみなが、さまざまなかたちで、少しでも多くわかちあっていくことが、たいせつであろうと思います」

「被災した人びとが、けっして希望をすてることなく、からだをたいせつに、明日からの日々を生きぬいてくれるよう、また、国民一人びとりが、被災した各地域の上に、これからも長く心をよせ、被災者とともに、それぞれの地域の復興の道のりを、見守りつづけていくことを心よりねがっています」

テレビで天皇がメッセージをおくられるのは、きわめて異例のことだった。

しかし、この陛下のお言葉は、明日の見えない被災者を勇気づけ、国民の心をひとつにする大きな力となったのだった。

〝一汁一菜〟への想い

被災者の苦しみを、少しでも理解してわかちあいたい。両陛下《へいか》のお気持ちは、こんな行動にもあらわれた。東京電力が「計画停電《けいかくていでん》」を実施してから、お住まいの皇居内で〝自主《じしゅ》停電〟を実践された。両陛下のご意向で3月15日から、毎日、少なくとも2時間はブレーカーを落とすことになった。この自主停電は、4月の終わりごろまでつづけられたといわれる。

震災のあの年。大寒波がやってきて、日本海側は大雪に見舞われた。そして、東北の被災地の人びとも、きびしい寒さと向きあわねばならなかった。仮設住宅では水道管が凍りついて水が出ない。暖房の設備が不充分なため、からだの具合がわるくなった人たちが、夜もろくに眠れないという日がつづいた。

そんな人びととおなじ立場、おなじ気持ちに少しでも近づきたい。陛下は節電をつづけられた。ある皇室関係者から、こんなことをつたえ聞いた。

「夜ともなれば、御所内《ごしょない》は真っ暗になるわけです。しかし、両陛下は懐中電灯をお使いになっていました。また、あの寒さのなか、暖房も使われない日々を送られたこともありました。

見かねた側近《そっきん》が『お寒くございませんか』とおたずねしたところ『たくさん着ていれば大丈夫だよ』と陛下は笑《え》みを浮かべて、皇后さまと顔を見合わされたそうです」

さらに両陛下は、食事についても節制を心がけられた。ガスや水道も無駄にはできないと、ご自分たちの食事を〝一汁一菜《いちじゅういっさい》〟とするよう、大膳課《だいぜんか》（両陛下の食事を調理するところ）に申しつけられたという。一汁一菜というのは、おかずが一つの汁と一つの菜だけの質素な食事のことである。

東日本大震災が発生した２０１１年の夏――、日本列島は、記録的ともいわれる猛暑にすっぽりとつつみこまれた。そのため、全国各地で、熱中症により救急車ではこばれる人があいついだ。

６月29日には、秋田県をのぞく46都道府県で32度以上の真夏日を記録。千葉、長野、愛知、奈良で計４人が熱中症で亡くなり、全国で少なくとも３００人以上が病院にはこばれた。

東北の被災地も例外ではない。うだるような暑さはようしゃなくつづいた。だが、体育館などの避難所には冷房がない。数台の扇風機があるだけで、人びとはぬらしたタオルを首にまいたりして、暑さをしのぐしかなかった。

そんななか、東京電力福島第一原発事故などによる電力不足のため、15パーセントの〝節電〟が、政府から国民に呼びかけられた。

節電があれほど国民の課題となったのは、かつてないことだった。そして両陛下も、これに歩調を合わされた。皇居内のさまざまな施設や、御所内のエアコンはできるだけ使うことをひかえるようにし、室温を国がすすめる28度に設定されたのだ。

「しかも、皇后・美智子さまは、室温を28度に設定していても、つけっぱなしにはされず、ときどきエアコンを止めるという努力をされたといいます。そのため、ある側近が御所から外に出たとき、外のほうが御所より涼しく感じられた、そんなことをいっていました」

ある皇室関係者がそういう。

そんな猛暑のなか、連日、休む間もなく公務にいそしまれた両陛下。77歳のご高齢のからだには、暑さはたいへんなご負担であったであろう。しかし、その胸のうちには、被災地の人びとの姿が浮かんでいたのだ。

さみしくなりましたね

ふりかえれば、即位《そくい》されてから両陛下がはじめて被災地を訪問されたのは、1991年（平成3年）、長崎県の雲仙《うんぜん》・普賢岳《ふげんだけ》が噴火したときだった。

7月10日、長崎空港からヘリコプターで被災地に入られた両陛下は、7か所の避難施設を日帰りでまわられた。その移動には、ふつうなら御料《ごりょう》車が使われる。御料車というのは、両陛下がお乗りになる車で、ナンバープレートはなく、ドアのところに菊の紋章《もんしょう》がついている。

だが、このときは御料車ではなく、長崎県が用意した一般車で移動された。その車には、天皇旗《き》もはためいていなかった。

被災した人びとを思えば、特別の車になど乗って行くわけにはいかない。陛下は、きっと、そう思われたにちがいない。

その日、長崎地方は35度近い暑さ。陛下はネクタイをはずされ、ワイシャツの腕をまくられ、避難所にひざまずいて言葉をかけられた。

皇后・美智子さまも、強い日差しにもかかわず、帽子もかぶらずに被災地をまわられた。

火砕流《かさいりゅう》で夫を失ない、まだ1歳にも満たない赤ん坊を抱いた母親がいた。美智子さまは、その母親のところへ歩みよられた。そして、床《ゆか》にひざまずいてこう話かけられた。

「さみしくなりましたね。お子さんをどうか、すこやかに育ててください。あせもは、だいじょうぶですか」

赤ん坊の足をさすりながら、母親をいたわりはげまされた美智子さまに、だれもが新しい皇室のすがたを見る思いがした。床にひざまずかれる両陛下に、「天皇皇后ともあろうかたが……」という声もあがったほどだ。

しかし、このスタイルこそが〝祈りの旅〟の原点となった。そして両陛下は、そのお気持ちを片ときも忘れることなく、「平成流の皇室」をめざされてきたのだ。

そんな両陛下は、大震災が起きてから一日も早く東北の被災地に行き、被災者たちを、はげましたいという思いを強くされた。

だが、被災地では余震がつづいており、そんな混乱の最中《さなか》に訪ねることで、救助や救援活動のさまたげになることを、いたく心配された。また、ご自分たちが被災地におもむくことで、警備などの面で、現地の人たちをわずらわせてはいけないと気づかわれたのだ。こうしたことから、両陛下の被災地へのお見舞いは、なかなかかなわなかった。

ようやくそれが実現したのは、震災から3週間ほどたった3月30日のこと。

その日、両陛下は、福島第一原発の事故で避難した約３００人が暮らす、東京・足立区の東京武道館を訪ねられた。ついで4月8日には、埼玉県加須《かぞ》市の旧騎西《きゅうきさい》高校に避難している被災者をお見舞いされた。そこには、福島第一原発がある福島県双葉町《ふたばまち》から避難してきた1400人が、不自由な生活のただなかにいた。

そして、両陛下がはじめて被災地をたずねられたのは、4月14日の千葉県が最初だった。このときも、被災した人びとに迷惑をかけてはいけないと、御料車ではなく、現地ではマイクロバスで移動された。

バスを降りられた両陛下は、大震災のなまなましい爪《つめ》あとをご覧になって、しばらく言葉を失ったまま立ちつくされた。それからようやく気をとりなおされ、その場で黙《もく》とうをささげられた。

ついで4月22日には、茨城《いばらき》県をお見舞い。そして、両陛下の〝祈りの旅〟はつづく。つぎの週から宮城、岩手、福島の東北3県へ。おどろくのは、東京・

足立区にはじまって、7週連続で1都6県を、それこそご自分たちのおからだをいとわずに、精力的にまわられたことだ。このあいだに両陛下が移動された距離は、なんと4000キロを超す……。

しかも、この東北3県へのお見舞いは、現地に泊まるのではなく、すべて日帰りで行なわれるという強行スケジュールだった。

ホテルなどに一泊されればと思うのだが、宿泊すれば、現地の関係者をわずらわせてしまう。できうるかぎり、負担をかけたくない……。それが、両陛下のお気持ちであった。

被災地にひたすら思いをよせ、足をはこばれたこの当時、陛下は77歳、美智子さまは76歳。ましてや、2003年に陛下は、東大病院で前立腺《ぜんりつせん》がんの手術をうけられている。手術後もホルモン療法はつづき、その副作用による体調が心配されていた。

そればかりか、震災のちょうどひと月前には、心臓の冠動脈《かんどうみゃく》に異常が見つかったばかりだった。しかし陛下は、被災地への心くばりから、あえて強行スケジュールをよしとされたのだ。

さらに、これはあまり報道されていないが、震災のあと、両陛下は、公務の合い間をぬって、防災関係者や地震に関する専門家から知識をえるため、説明をうけられている。

被災地の被害状況、あるいは原発、放射能についてなど、連日のようにレクチャーを受けられながら、勉強をつまれたのだった。

たとえば、震災が起きて5日目の3月15日から、5月10日までの57日間をみると、レクチャーを受けられた日は、じつに24日にものぼる。

被災地のことを少しでも知り、被災者の苦しみに少しでも寄りそいたい……。そこには、ひとすじの川の流れのような思いが光っている。そう思えてならないのだ。

スイセンの花束

東北3県のうちで、両陛下が最初にたずねられたのは、4月27日、宮城県。南三陸町《みなみさんりくちょう》の町立歌津《うたつ》中学校の体育館では、おおぜいの被災者が、両陛下の到着を待っていた。当時はまだ物が不足していて、スリッパも、両陛下にはいていただく2足分だけだった。案内した佐藤仁《じん》町長も、スリッパをはいていなかった。

すると、それに気づかれた皇后・美智子さまが、いったんはかれたスリッパを脱《ぬ》がれた。それを見られた陛下も、さりげなくスリッパを脱がれた。

(みんなが苦しい思いをしながら、ここで不自由な暮らしをしているのに、自分たちだけが、はくわけにはいかない)

それは、両陛下のお心づかいだった。

避難所となった体育館のほぼまんなかあたりで、ありし日の孫の写真を胸にかかえている女性がいた。60代なかばのその女性は、あの津波で行方《ゆくえ》がわからなくなった3歳の孫（女の子）を、来る日も来る日もさがしつづけた。しかし、1か月以上さがしても、最愛の孫は見つからなかった。

体育館をまわられていた陛下は、ふとその女性が手にしている写真に目をとめられた。そして、冷たい床にひざをついて、その写真をじっと見つめられた。

「あの津波で家族の4人が流され……、3人の亡きがらは見つかりましたが、この孫だけが見つかりません」

女性は、そう陛下に話した。すると陛下は、また写真に目をうつされた。そして、こう声をかけられた。

「早く見つかるといいですね。無理をせずにからだに気をつけて、がんばってください」

そのあと、立ちあがろうとされた陛下は、また床にひざまずいて、写真を見つめられた。

「陛下、そろそろお時間です」

お付《つき》の人がそうつたえても、陛下はなかなかその場をはなれようとされなかった。


つぎにたずねられた仙台市宮城野体育館では、皇后・美智子さまが、とても感謝されるできごとがあった。

被災者のひとりである50代の女性が、美智子さまに小さな花束を手わたした。それは、津波の被害にあって、あとかたもなくなった自宅の庭に咲いたスイセンの花。

「私たちも、このスイセンのように負けません」

その女性が、自分の気持ちをつたえた。美智子さまは、ほっとされた笑《え》みをうかべて、スイセンの花束をだきしめられた。そして、仙台市でのお見舞いを終え、航空自衛隊松島基地から、ヘリコプターで帰路につかれた。美智子さまは、その花束を手ばなされなかったという。

スイセンは、美智子さまにとって、とくべつな花である。

1995年（平成7年）1月17日、午前5時46分、兵庫県南部を震源にした、マグニチュード7・3という大きな地震がおきた。

神戸《こうべ》市や淡路《あわじ》島などで、震度7という想像を絶する揺れを記録。神戸の町は壊滅にちかい状態となり、死者が5000人をこえる大被害をもたらした。

この阪神・淡路大震災のとき、ほどなく両陛下は、被災地を見舞われている。震災によって、焼け野原となってしまった神戸市長田《ながた》区の商店街に立ちよられたときのこと。

美智子さまは、お住まいの皇居・御所のお庭に咲いた17本のスイセンをお持ちになった。そして、このスイセンを焼けあとのがれきに手向《たむ》けられた。

震災が起きた日が1月17日。決してこの日を忘れてはならないという思いをこめて、美智子さまは、スイセンを17本にされたのではないかといわれている。

そして、被災地をあとにされるとき、乗られたバスの窓から、見送る人びとに手をふりつづけられた美智子さま。両手のこぶしをにぎりしめ、むねの前で両腕をいくども上下にふられた。

「がんばって、がんばって！」

それは、手話《しゅわ》によるはげましのサインだった。

国父と国母

2011年5月11日、両陛下は福島県へ。

福島市をまわられたあと、ついで相馬《そうま》市の被災者をお見舞いになった。

雨の中、被災地で黙礼なさる天皇、皇后両陛下（福島・相馬）

写真提供：毎日新聞社

そのとき、小学校の体育館でお見舞いをうけた35歳の主婦は、いまも皇后美智子さまから、かけていただいたお言葉がわすれられない。幼い息子《むすこ》ふたりといっしょにいた主婦のそばで、美智子さまが正座をされた。

「（地震・津波のときは）子供たちといっしょだったんですか」

美智子さまがたずねられた。その主婦はこうお答えした。

「下の子は私といっしょにいたのですが、上の子は学校にいましたから、さがしに行ってつれて帰ってきました」

すると美智子さまは、目に涙をうかべるようにされ、こうおっしゃった。

「そう……、子供たちを守ってくれて、ありがとう」

その主婦は、あのときを振り返る。

「そのお言葉を聞いて、もっともっと子供をたいせつにしなければならない。もっともっと、必死に子供を守らなくてはいけない、そう思うようになりました。そのことを、皇后さまが気づかせてくださったのです。だから心から感謝の気持ちでいっぱいです」

毎年1月、皇居・宮殿の松の間《ま》で、新年恒例の「歌会始の儀《うたかいはじめのぎ》」がひらかれる。東日本大震災が起きた翌年、２０１２年（平成24年）のお題は「岸《きし》」であった。

津波来《こ》し時の岸辺は如何《いか》なりしと
見下ろす海は青く静まる

これは陛下が詠《よ》まれた歌である。

２０１１年5月6日、被災地の岩手県をお見舞いされたとき、釜石《かまいし》市から宮《みや》古《こ》市へと自衛隊ヘリで移動された。そして、上空から津波の被害にあった海岸を眺めた印象をこう詠まれた。

帰り来《く》るを立ちて待てるに季《とき》のなく
岸とふ文字を歳時記に見ず

この皇后・美智子さまの御歌《おうた》は、津波によって行方不明になった人たち、また戦後、外地《がいち》（外国）からの引き揚げ者など、全国各地の岸辺《きしべ》で、たいせつな誰かを待ちわびる人の心に思いをよせて詠まれた御歌である。

ほかにもこの年、両陛下が詠まれた歌が公表されたが、その中には「手紙」と題された美智子さまのつぎの御歌がある。

「生きてるといいねママお元気ですか」
文《ふみ》に項傾《うなかぶ》し幼《おさ》な児《ご》眠る

震災から1か月ほどがたったころ、読売新聞にこんな内容の記事が載った。

《岩手県宮古市の4歳になる少女は、両親と妹を津波にうばわれ、ひりぼっちとなった。親戚にあずけられたが少女は、父親がのこした携帯電話をにぎりしめ、「パパから電話がかかってくるかな」と待ちつづけるようになった。そして夜、眠るまえに「ままへ。いきてるといいね。おげんきですか」とノートに書き、そのまま、寝入ってしまった》

この記事は多くの読者の涙をさそった。このことを知られた美智子さまも、少女のいじらさに深く感動されたのであろう。

死者1万5881人、行方不明者2668人、そして、避難を余儀なくされている人たちが、約31万5000人（2013年2月末現在）——、かつてない被害をもたらした東日本大震災は、まさに「国難《こくなん》」であった。

この最悪の窮地《きゅうち》に直面し、被災地の人びとの心が折れそうになったとき、天皇皇后は〝希望の灯〟をともそうと、ひたすら被災地をまわられた。人びとをはげまされた。

そこには、まさに天皇は「国父《こくふ》」であり、皇后は「国母《こくぼ》」であるともいえる、まぎれもないお姿があった。

そして歴史をさかのぼれば、いまの天皇の父君である昭和天皇も、未曾有《みぞう》の国難に直面し、苦悩された。長い戦争が敗戦というかたちで終わりをつげたとき、日本の命運はつきかけた。しかし、昭和天皇は、ご自分の命をかえりみずに立ち上がられた。そこには、私たちが忘れてはならない歴史の瞬間があった。

Ⅱ

二・二六事件から東京大空襲

空前のクーデター

いまからおよそ80年前の1932年（昭和7年）5月15日――、海軍の将校たちが首相官邸《しゅしょうかんてい》をおそい、犬養毅《いぬかいつよし》首相を銃で暗殺するという事件が起きた。五・一五事件である。

犬養首相は、正義感あふれたりっぱな政治家であった。だが、将校たちは、これをよしとしなかった。自分たちが、国を動かすのだという意気に燃えて、政党政治打倒という目的のために、犬養首相を血祭りにあげたのだ。

昭和天皇は、この軍人たちの乱暴な行ないを、いたくうれえられた。

「近ごろの若い者は、少し行きすぎているようである。大臣はこのさい、非常の決意をもって処置するよう」

暗に軍部をさして、きびしく申しわたされた。しかし、軍部はこれに耳をかたむけるどころか、軍人たちの力はとても強くなった。この年、いまの中国大陸北東部に「満州国《まんしゅうこく》」をつくった。そして、その元首には「清《しん》」国の最後の皇帝（ラストエンペラー）である溥儀《ふぎ》を就任させた。

こうして日本は、知らずしらずのうちに、どろ沼の戦争に引きずりこまれていった。

１９３６年（昭和11年）、新しい年が明けた。前年の暮れから関東地方には、めずらしく雪が降りつもった。

とりわけ、２月26日は、前夜から東京の空はかきくもり、すさまじい風が吹き荒れ、またたくまに大雪となった。雪は、夜明けちかくになってようやくやんだ。

その雪明りのなか、日本史上、空前のクーデターは決行された。

五・一五事件が起きてから、陸軍の青年将校のあいだには険悪な空気が日増しにただよいはじめていた。それというのも、ときの政府は、国民の暮らしをないがしろにし、これというべき政策を実行することもなく無能に見えた。

政党と財閥が手をむすび、自分たちの利益だけを追いもとめるようになり、政治は、赤いトマトがみにくくくさるように、力をなくしていったかのようだった。

「このままでは、日本はつぶれてしまう」

青年将校たちは、もはや〝昭和維新《いしん》〟のために決起するしかないと追いつめられた。

2月26日、午前3時、陸軍の連隊に非常呼集がかけられた。眠りを破られた兵士たちは、いったい、何ごとかとあわてた。軍装をととのえる間《ま》もあわただしく、兵舎内にある庭にとびだすようにして整列した。

彼らの大半は、入営して1か月半あまりの農村出身の新兵であった。そのため、貧しさをいたいほど味わっており、青年将校たちが説く「昭和維新」に、共鳴する者が多かった。

「これより、夜間演習を行なう！」

つめたい空気をふるわせて、降りつもった雪の営庭《えいてい》に、中隊長の声はひびいた。そして、部隊ごとに営舎を出発した。だが、それは夜間演習ではなかった。行軍の途中で、本当の目的を知らされることになる。だが、これに反発する者はいなかった。なぜなら「上官の命令は、ただちに大元帥《だいげんすい》陛下の命令」である。絶対服従しか許されなかったからである。

行軍の兵士の数はみるみるうちにふえ、その動員数は1500名をこえた。めざすは首相、内大臣、大蔵大臣ら、政府の要人たちへの襲撃あるのみであった。

午前5時、その合図はくだされた。それぞれのところに配置された兵士たちは、いっせいに突入した。将校たちは機関銃、拳銃をぶっぱなし、軍刀をふるって、政府要人たちの寝込みをおそった。

そして、高橋是清《これきよ》大蔵大臣と斎藤実《まこと》内大臣が即死した。高橋大臣は、何発もの銃弾を浴びせられて絶命したうえ、さらに軍刀で全身十数か所を斬《き》られるという惨状であった。

だが、岡田啓介《けいすけ》首相を討《う》ちとることには失敗した。暴徒の動きを察知するや、岡田首相はとっさに風呂場にのがれた。そして女中部屋の押し入れに2日間かくれたのち、劇的に救出された。

宮中《きゅうちゅう》(皇居)に第一報が入ったのは、この反乱が起きて30分ほどがたった、午前5時半すぎのこと。天皇は、まだ目覚めてはいられなかった。だが、当直の侍従《じじゅう》は、ことの重大さにおののいて、天皇の寝室に向かった。

侍従のつたえることを、目をつぶって聞いていた天皇は、心なしか肩をふるわせられた。

「とうとう、やったか」

そうはき捨てるようにおっしゃると、すぐに軍服に着がえ、表御座所《おもてござしょ》に入られた。そのときの昭和天皇の心中をおしはかれば、おそらくこういう気持ちであったろう。

つまりは、天皇の軍隊を勝手に動かし、腹心《ふくしん》の重臣《じゅうしん》たちを殺《さつ》りくするとは、不届《ふとど》き千万。不埒《ふらち》もここに極まれり……。

天皇の胸のなかは煮えたぎり、川島義之《よしゆき》陸軍大臣にこう命じられた。

「かくのごとき暴徒《ぼうと》の将校ら、その精神において、なんのゆるすべきものがあろうか……。すみやかに暴徒を鎮圧せよ」

このきびしい命に、本庄繁《しげる》侍従武官長（陸軍大将）が、こう申しあげた。

「暴徒というお言葉は、どうかおひかえくださいますよう。さらなる軍部の反発をまねくやもしれません」

「いや、朕《ちん》の命令なしに、軍隊を勝手に動かしたことは、朕の軍人ではなく、暴徒である」

天皇は色をなして、そう決めつけられた。

しかし、事態はなかなか収束《しゅうそく》には向かわなかった。陸軍の青年将校たちは、さらなる決起に勇躍したのだ。そればかりか、これに対し陸軍大臣をはじめとする軍首脳は、ただうろたえるばかりで、反乱将校らをおさえることはできなかった。

「もう、将校らを鎮圧できたか」

「反乱軍は、しりぞいているか」

居ても立ってもいられぬ様子で、天皇はやんやと側近たちに催促された。が、やがて、もどかしさをあらわにされ、こう断じられた。

「師団長らは、職務を解せざりしものと認《みと》む。よって朕みずから近衛《このえ》師団をひきい、鎮圧に当たろう。ただちに、乗馬の用意をせよ」

この天皇のはげしい怒りによって近衛師団が出動し、反乱軍を包囲するにいたった。そして反乱将校たちは追いつめられた。抵抗すれば、天皇陛下のためという大義名分が消えて、〝逆賊《ぎゃくぞく》〟の汚名を着ることになる。

将校たちは、たがいに抱きあい、涙にくれた。そして、ぎりぎりのところでこう決意する。

（天皇にさからって、いっときの賊名《ぞくめい》を着せられることになっても、悠久の大義に生きることこそ、われらの志《こころざし》をつらぬくことではないか。さあ、断呼《だんこ》、抗戦あるのみだ！）

こうして将校、下士官、兵たちは決死の覚悟をかためて、まさに火ぶたが切られようとした。歴史にのこる名文句が登場したのは、まさにこの危急のときであった。

下士官、兵ニ告《つ》グ

一、今カラデモ遅クナイカラ原隊へ帰レ

二、抵抗スル者ハ全部逆賊デアルカラ射殺スル

三、オ前達ノ父母兄弟ハ国賊トナルノデ皆泣イテオルゾ

厳戒《げんかい》司令部が出したこの名文句は、空から飛行機でビラとなってまかれ、さらにＮＨＫのラジオからも呼びかけられた。それは、下士官、兵たちの心をゆさぶることになった。そして、さしもの反乱軍の士気も、急速におとろえていった。

すでに決起から4日目。寒さのなかに、だれもがつかれはてていた。未曾有《みぞう》のクーデターは、げんしゅくな天皇の振るまいによって、ついに鎮圧されたの

だ。

昭和天皇の八十七年の生涯で、この二・二六事件ほど怒りをあらわにされたのは、ほかに見あたらない。

ニイタカヤマノボレ

１９３７年（昭和12年）、とうとう日本と中国のあいだで戦争が起きる。７月７日、日本軍が北京郊外の盧溝橋《ろこうきょう》で夜間練習中、中国軍から発砲されるという事件が勃発《ぼっぱつ》した。

もはや一触即発の空気をただよわせていたのだ。

この日華事変《にっかじへん》に、天皇は危機感をつのらせた。

「もし万が一、ソ連が参戦するにおよんだら、どうするか」

こうたずねられたが、陸軍の幹部は、天皇がなっとくされるだけの説明ができなかった。

しかもこの間、近衛《このえ》首相は軍部の独走を指をくわえてながめているばかり。軍部をおさえることはできなかった。

歴史の歯車は、戦争へ、戦争へとその回転速度を上げつづける……。

ヨーロッパに目を転じれば、ドイツが独《どく》ソ不可侵条約を背景に、ヨーロッパ各国に攻め入って、フランスでも快進撃をつづけ、1940年6月、パリを陥落《かんらく》させる。ドイツの勝利は、もはや確定的とみられた。そこで、いったんは打ち切られていた三国同盟《さんごくどうめい》締結の声が高まるようになった。

そんな機運に、天皇はあくまでも慎重であった。

「いましばらく、ドイツとソ連の関係を見きわめたうえでも、遅くないではないか。三国同盟をすれば、米国《べいこく》は報復として、すぐにも日本への石油や鉄の輸出を停止するだろう。そうなったら、日本はどうなるのか」

そういって危惧《きぐ》されたが、結局は推進派の軍部に押しきられるかたちとなった。

1940年（昭和15年）9月、ここにドイツ、イタリア、日本の三国同盟が結ばれた。それは、日本の運命を決定的にすることとなる。天皇が心配されたとおり、この三国同盟は、アメリカとの関係を硬化させた。日米交渉は、すぐに決裂することとなった。そしてアメリカは、日本への経済制裁を実行にうつそうと考えはじめた。

当時の日本は　戦争一色にそまり、軍需生産をどんどんのばす必要にかられていた。そのため、高度な工作機械、原料としてのくず鉄、燃料としての石油をアメリカからの輸入にたよらざるをえなかった。

だから、アメリカにそっぽを向かれれば、もはや手も足もでなくなるのは目に見えていた。こうして日米関係は決定的に悪化し、1940年10月、アメリカは日本への経済制裁封鎖《ふうさ》にふみきった。

「ニイタカヤマノボレ　ヒトフタマルハチ」

山本五十六《いそろく》連合艦隊司令長官から、南雲《なぐも》忠一《ちゅういち》機動部隊長官（中将）に、こんな電報が発されたのは、翌1941年（昭和16年）12月2日のことである。

ヒトフタマルハチは〝一二〇八〟で、12月8日を指示するものだった。

この電報に呼びかけられ「赤城《あかぎ》」「加賀《かが》」など空母6隻《せき》と巡洋艦、駆逐艦17隻をつらねた艦隊は　ひそかに、察知されることのないように、ひたすらハワイをめざした。そして12月7日（日本では12月8日）未明、オアフ島の北、230カイリ（約425キロメートル）に到着。

午前6時、第一陣の183機、つづいて7時15分に、第二陣の167機の艦《かん》載《さい》機はついに発艦した。こうしてハワイ真珠湾《しんじゅわん》は、修羅場《しゅらば》と化すことになった。

これから、さかのぼること、37年前の1904年（明治37年）の日露戦争も、日本側の旅順《りょじゅん》港奇襲からはじまったが、この真珠湾攻撃もまた、結果としては奇襲にひとしかった。

この攻撃の前に、日本はアメリカに「宣戦布告《せんせんふこく》」の書類を出したが、その翻訳《ほんやく》が予想以上にとまどって、とどくのがわずかに遅くなったために、〝だまし討《う》ち〟とされた。

戦後明らかになったことであるが、日本側の暗号《あんごう》は解読《かいどく》され、アメリカは日本の動きをすべて知っていた。

こうして日本は、アメリカをあいてに太平洋戦争へとつき進む。

12月8日朝、NHKラジオからとつぜん、こんなアナウンスが流れた。

「帝国陸海軍は今八日《こんようか》未明、西太平洋において、米英軍と戦闘状態に入《い》れり」

くり返し放送される大本営の発表に、国民は、この戦争でこれから先、どうなるのか、かたずを飲んで見守っていた。

しかし、その2日後、海軍航空隊がマレー沖で、イギリスの戦艦「プリンス・

オブ・ウェールズ」と「レパルス」を撃沈したと大本営が発表。つづいて香港、マニラ、シンガポール、そしてラングーン、バタビアを陥落させるに至り、国民の不安な空気は吹きとぶこととなった。

「日本は神の国だ。天佑神助《てんゆうしんじょ》（天のたすけ）というではないか。無敵皇軍は、負けを知らずだ。アメリカなどおそれてなるものか」

国民の多くが、開戦早々の大戦果に興奮し、人心を沸《わ》きたたせることとなった。そして、戦争の進展をあれほど危惧されていた天皇も、この戦果に顔をほころばせた。

「あまりにも早く、戦果があがりすぎるよ」

天皇は、木戸幸一《こういち》内大臣に、にこにこと笑顔でかたりかけるほどだったとつたえられる。

焼夷弾《しょういだん》の雨

　ところが、状況はとつぜん暗転することになる。それは〝勝ち戦《いくさ》〟によいしれていた日本国民に、冷水《ひやみず》を浴びせるようなできごとであった。真珠湾攻撃から、わずか4か月後の1942年（昭和17年）4月18日のこと。アメリカ軍による、日本本土へのはじめての空襲がついに行なわれたのだ。まさか、本土を空襲するとは、思いもしなかったことであった。

　B25爆撃機が、千葉県の銚子《ちょうし》の東方にしのびよった。そして空母2隻から発進した爆撃機は、東京、川崎、横須賀《よこすか》、名古屋、さらに四日市《よっかいち》、神戸などの上空に飛来して空爆。中国大陸に飛びさったのである。

　被害は幸いに軽いものだったが、日本軍部にあたえた衝撃は大きかった。これをきっかけに、日本は坂道をころげ落ちるように敗色を濃くしてゆく……。

ミッドウェー海戦で、日本は世界に威容をほこった空母4隻と、巡洋艦などを失う。

それ以後、ガダルカナル島では、飢餓地獄《きがじごく》ような苦戦をしいられ、幾千の日本兵が虫けらのように死んでいった。これらを記せば延々とつづくことになる。おもな悲劇を書けば、アッツ島玉砕、タラワ島玉砕、つづくサイパン島、グアム島、硫黄《いおう》島の玉砕など、日本軍は筆舌《ひつぜつ》につくしがたい辛酸《しんさん》をなめながら追いこまれていった。

そして、ここに登場してくるのが、かのダグラス・マッカーサー元帥《げんすい》である。オーストラリアへ脱出していたマッカーサー元帥は、日本軍が陥落させたフィリピンをうばい返すために、ひそかに島々を北上。ついにルソン島までせまり、「アイ・シャル・リターン」の名ぜりふどおり、マニラをうばい返したのだった。

だが、このとき、このマッカーサー元帥が、わずか2年後に日本の本土を踏み、天皇と会見することになるとは、日本国民のだれもが思いもよらなかった。こうして日本は、ジリジリと後退を余儀《よぎ》なくされる。すでにイタリアは降伏しており、ドイツもすでに崩壊の様相を濃くしている。もはや連合国の敵は、日本だけとなった。

サイパン基地を飛びたつ爆撃機Ｂ29が、はじめて、東京上空に無気味な姿を見せたのは、１９４４年（昭和19年）11月１日のことだった。それからは、しばらく爆撃はせずに、Ｂ29は偵察《ていさつ》のために飛来した。が、12月にはいると、昼夜をわかたずにひんぱんに爆撃をするようになる。

東京都が編さんした『東京都戦災誌』によると、12月中にＢ29が来襲した日は15回、つまり1日おきということになる。焼失家屋は７９６棟、死者２５４人、負傷４８０人、被災者３１７３人という記録がのこっている。

その後も、Ｂ29はたびたび姿をあらわし、人びとを恐怖におののかせた。そして、あの運命的な日を迎えた。

１９４５年（昭和20年）３月９日、午後10時30分、警戒警報のサイレンが鳴りわたった。戦時下では〝灯火管制《とうかかんせい》〟がしかれ、家々の電灯は早くから消されていた。

そのため、市民のなかには、もう、いびきをかいていた人もいた。その寝込みを、敵はねらってきたのだ。たたき起こされた人たちは、ただふるえて息をひそめるしかなかった。

東京の上空は静まりかえっている。人びとは空襲がないものと、やれやれとホッとしたときである。漆黒《しっこく》の空の彼方《かなた》から、爆音はひびいてきた。

明けて３月10日、午前０時８分、寝込みを襲ったＢ29は、江東地区にいきなり焼夷弾《しょういだん》の雨を降らせた。そして、およそ３００機のＢ29爆撃機は、四方にわかれ、東京の下町に約２時間半にわたって、１７００トンもの焼夷弾を投下した。

この東京大空襲で現在の江東、墨田、台東区などの下町が、ほとんど焼きつくされた。東京都の当時の記録によれば、この大空襲でおよそ8万9000人が亡くなり、100万人以上が家を失ったとある。

東京の下町には、地獄絵図のような惨状がくり広げられた。だが、人びとは、その〝地獄〟をかたることは許されなかった。ようやく庶民の声が日の目を見たのは、戦争が終わって5年あまりがたったときだった。その当時の新聞をひもといてみると、こんな小さな記事が目にとまった。

それは、あの大空襲のときに、東京・下町の警防団の一員として、走りまわったひとりの老人の述懐である。

「あのとき私は73歳でしたが、いやぁ、ひどいもので、隅田川をわたって江東区にはいると焼け野原のなかに、そう〝稲塚《いなづか》〟のようなものが、ニョキニョキと立っているのがいくつも見えました。

なんだろうと思ってちかづくとね、それは、人間の死体が折りかさなってできたものでした。火災とその熱風に追われ、かろうじて逃げてきた人たちが、バッタリとたおれる。すると、そのあとから逃げてきた人が、たけりくるう炎をさけるため、倒れた人の下にもぐりこむ。こうして、つぎからつぎとそれがくりかえされて、こんな2、3メートルもの〝人塚《ひとづか》〟がいたるところでできたのです」

この東京大空襲の日、皇居の東御苑《ひがしぎょえん》にある建物にも焼夷弾が落とされた。戦争中の一般国民は、どんな空襲にあっても、皇居が爆撃されるはずがないというふうに思っていた。しかし、皇居も例外ではなかった。

庭の芝生《しばふ》に火がつき、じわじわと燃え広がる。この夜は風が強かった。火の勢いは激しさを増し、烈風が天皇の住まいである御文庫《おぶんこ》に向かって吹いていた。危機一発、火は御文庫のベランダちかくまで迫った。

近衛《このえ》兵や消防署員が、右往左往で懸命に消火にあたった。ようやく、火の勢いがしずまったのは、午前3時すぎのことだった。
皇居もあの日、戦場だったのである。

Ⅲ

下町視察と皇居炎上

裸《はだか》にされた町

「オペレーション・オブ・オリンピック」――、耳なれない用語だが、これは、あの〝五輪競技大会〟とは無関係である。じつは、太平洋戦争のただなか、アメリカがくわだてた、日本本土上陸作戦計画のことをアメリカの軍部はこう呼んでいた。

この計画によると、空襲と艦砲《かんぽう》射撃で日本の本土を徹底的に攻撃する。これで、まず500万人の日本人を殺りくする。そして、2000万人を負傷させた上で、南九州に上陸する。

さらに「オペレーション・オブ・コロネット」という計画では、平塚《ひらつか》（神奈川県）と九十九里《くじゅうくり》海岸（千葉県）に、主力部隊を上陸させるということになっていた……。

想像するだけでも、そらおそろしさにぞっとなるが、3月10日の深夜から未明にかけて、アメリカは、日本の首都・東京を空から襲撃し、この計画を実行にうつしたのだ。

前にも記したが、あの日、一夜にして27万棟が全焼し、100万人以上が家を失った。そして殺りくされた者は、およそ8万9000人。これは、5か月後の広島と長崎への原子爆弾による攻撃をのぞけば、空爆による史上最大の死者数であった。

すさまじい大空襲から一夜が明けた3月10日の朝、昭和天皇は、御文庫《おぶんこ》でいつものように侍従から、前日の日本全土における空襲の被害状況について報告をうけられた。

「東京の市民の死者数は、ときを追うごとに2万、3万、4万人と……、増えております」

侍従がそう説明すると、天皇は一瞬、頬《ほお》をこわばらせ、しばらく沈黙したあと、ようやく口をひらかれた。

「被災地を、この目で見たい。一刻も早く、この目で見たい。手配するよう」

しかし、侍従からの返答がなかなかとどかない。それから、天皇は幾度も要請になった。

天皇が被災地にお出かけになる。これは「行幸《ぎょうこう》」にあたる。天皇が外出されることを、皇室用語では「行幸」という。訓読《くんよ》みでは「いでまし」、あるいは「みゆき」。行幸が2か所以上になると、「巡幸《じゅんこう》」となる。

現在の行幸はそれほど仰々しくはないが、昭和天皇の時代までは、たいへんな儀式だった。たとえば、わずか3キロの距離を移動する行幸には、600人の制服警官と200人の私服警官が並んだ。

しかも、今度は東京の下町へお出かけになるというのだ。いつ空襲があるかわからぬというこの時期に、天皇の身が空からねらわれたら……。そう考えると、側近はもちろん、政府としても〝とんでもないこと〟であった。

政府や軍の参謀たちの意見は、賛成と反対、2つにわかれた。しかし、天皇の要請は至上《しじょう》（絶対）のものなので、断《ことわ》ることはできなかった。そして、逡巡《しゅんじゅん》の果てに、木戸幸一大臣がこういう案をだした。

「被災地をご覧になるのはいいが、被災者や陛下の安全のためにも、従来のような行幸ということでなく、思いきって簡単な方法で、ほとんどとつぜん、お出ましになったというふうにしたほうがいい」

こうして天皇の希望はかなえられることとなった。警備はできるだけ目立たないものとし、制服警官は120人、私服は200人、交通制限は、天皇の車の前後、約60メートルをあけるだけ。すれ違う車はよし、歩行者はかんぜんに自由、ということにされた。

そして関係者のあいだで、行幸の日をいつにするかが検討され、3月18日の日曜日と決まった。日曜日を選んだのには、確たる根拠があったわけではなく、日曜日は、たんにアメリカ兵も休みだろうという判断からであった。

3月18日、日曜日――、大空襲から8日がたった東京の空は、穏やかに晴れわたった。あの轟音《ごうおん》がひびきわたり、紅蓮《ぐれん》の炎に染められたおなじ空とは思えない青さをたたえていた。

午前9時、皇居正門の黒い大きな扉がひらかれると、黒塗りのオートバイが姿をあらわした。やがて供奉車《ぐぶ》（天皇のお供《とも》をする者が乗る車）が2台、門を出る。その車が100メートルも行ったところで、溜色《ため》（あずき色）のベンツ（御料車）が門をくぐった。そしてオートバイ2台を従えて、二重橋《にじゅう》をわたる。

天皇が乗った御料車には、金色の菊のご紋章が輝いていたが、いつもは立てられている天皇旗はなかった。

天皇の車列は皇居前広場をぬけると、左折して大手町のほうへ向かう。そして大手町一丁目を右折し、速度36キロでまっすぐに進んだ。やがて車列は、日本橋の白木屋《しろきや》（デパート）前を通って、永代橋《えいだいばし》へと向かった。

沿道の人たちは、御料車に天皇が乗っていることに、ほとんど気づかなかった。が、なかには御料車についている菊の紋章を見て、いぶかしげにくびをかしげる者もあった。また、それに気づくと、あわててふかく敬礼する者もあった。

「陛下、右側に赤子《せきし》がふかく敬礼しています。左のほうにもおります」

藤田侍従長がそういうと、そのたびに天皇は、車窓《しゃそう》ごしに、うなずきながら会釈《えしゃく》された。（注：赤子というのは、君主に対して、人民をその子にたとえていう語）

車列が永代橋をわたって、深川（江東区）に入った。見わたすかぎり、焼け跡が荒涼と広がっている。2階建てのアパートは、あとかたもないほど焼けこげ、外壁をのこして中がまっ黒に焼けたビルが、あっちにもこっちにも、無惨な姿をさらしている。

空襲から1週間がすぎたというのに、裸《はだか》にされた町は、いまだ熱をおびて、髪の毛を燃やしたようなにおいがたちこめていた。そして、あちこちでトタンをひろいあつめて、バラックをつくる人たちの姿が見えた。

天皇は、左右の車窓から、凄惨な姿に変わりはてた外のようすを、くいいるように見つめられた。

やがて車列は、深川にある富岡八幡宮《はちまんぐう》の大鳥居《おおとりい》の前でとまった。その大鳥居も焼けこげていた。それを悲しげなまなざしで仰《あお》ぐと、天皇は境内《けいだい》へ向かわれた。

このあたりだけは、まだいくらか木々の緑がのこっていた。拝殿《はいでん》にふかくおじぎをされたあと、天皇は、内大臣から被害状況について説明をうけられた。

「現在までの累計によりますと、扇橋署《おうぎばししょ》の管轄《かんかつ》内では、死者が6742名、行方不明者がおよそ3400余名でございまして、また全焼しました家屋は、約1万2000棟でございます……」

内大臣の説明に、天皇は、言葉の切れ目ごとにうなずかれ、「あっ、そう」とか「それは、たいへんだったろうねぇ」とおっしゃった。その天皇の声は、よくひびいた。短い言葉であったが、そこにいた関係者、一人ひとりの胸に、その情愛と悲しみをたたえた声が、ふかく、ふかく染みこんだのだった。

被害状況の説明をお聞きになった天皇は、少し歩かれて、富岡八幡宮周囲の焼け跡に立たれた。そして、茫然《ぼうぜん》とした面《おも》ざしで、しばらく立ちつくされた。その天皇の真上には、哀しいまでに冴《さ》えた青空が広がっていた。

その焼け跡では、もくもくと働いている人たちがいた。がれきの山を掘り起こして、何かをさがしている者。焼けただれた自転車を、何とか動かないかと思案する少年。

こわれた水道管から　やっとこぼれる水で、一心にシャツを洗っている老婆《ろうば》。

そして、焦点の定まらない目をして、焼け跡に悄然《しょうぜん》とたたずんでいる人びとがいた。

天皇は、それらの人びとに、じっと目をこらした。そして、ただひと言、かたわらの侍従長にこういわれた。

「こんなに、焼けてしまったか……」

それは、胸の底からおのずとしぼりだされたお言葉だった。

このあと、天皇は御料車にもどられた。車列は東に向かって進む。隅田川の支流にかかる小名木《おなぎ》川橋の上でとまった。天皇は車から降りて、橋の上から焼け跡をご覧になった。

そして車列は往路とおなじように、時速36キロで走り、皇居へともどった。

その車のなかで天皇は、侍従長にこうおっしゃった。

「関東大震災のときは、馬で市中をまわったが、あのときは、何もかもきれいに焼けてしまっていた。大きな建物が少なかったせいだろうが、それほど無残

戦災地を視察する天皇陛下（深川富岡八幡宮境内にて）

写真提供：毎日新聞社

には見えなかった。

しかし、今度の場合は、はるかに無残だ。コンクリートの残がいなどがのこっているし、一段と胸が痛む。悲惨だねぇ、侍従長……、東京も、とうとう焦土《しょうど》となってしまったね」

車中で天皇が話されたのは、このお言葉だけだった。侍従長は胸がいっぱいになり、涙があふれそうになったという。（注：関東大震災は1923年（大正12年）9月1日に発生したマグニチュード7・9の大地震）

天皇が焼け跡を視察されているあいだ、お付《つき》の者の誰もが案じたのは、空襲に遭遇《そうぐう》しないかということであった。もし、途中で空襲となった場合、もよりの防空壕に隠れるほか術《すべ》がなかったからである。

幸いなことに、このお出かけのあいだ、警戒警報はついに鳴らなかった。予定どおり、午前10時に車列が皇室にもどったとき、一同はほっと胸をなでおろした。

皇居炎上

1945年（昭和20年）4月、戦時下のもとでも、桜はやさしく、美しく咲いて、人びとの心をこよなく慰《なぐさ》めた。しかし、日本の敗色はだんだんと濃くなり、もはや決定的となった。

4月7日、世界にその名をとどろかせ、不沈艦といわれた「戦艦大和《やまと》」が沈没したという思いもよらぬ報がもたらされた。片道の燃料だけという特攻《とっこう》出撃で沖縄をめざしていたが、そこに達する前に敵機の猛攻をあびて、水深345メートルの海底に巨体を没した。まさに〝壮絶な死〟ともいうべき最期《さいご》に、国民の大半が大きな衝撃をうけた。さしもの力を誇った帝国海軍も、ここにきて、消滅への道をたどるほかなかった。

このころには、ヨーロッパ戦線でも刻々と戦況は変わっていた。まず、ドイツの崩壊である。

4月29日、ベルリン陥落の寸前、ヒトラーは愛人のエバ・ブラウンと防空壕内で結婚式を挙げた。が、その翌日、ふたりは自決して果てた。偶然というのであろうか、それとも必然なのか、この前日、つまりヒトラーの挙式の日に、イタリアのムッソリーニも、愛人とともに民衆の手によって虐殺された。その屍体《したい》はミラノ市の広場の屋根にさかさ吊《づ》りにされた。そして3日間にわたって放置され、民衆から石を投げられ、棒で殴られつづけた。

話を国内に戻そう。東京大空襲のあとも、米軍のB29爆撃機は、ひんぱんに日本本土の上空に襲来するようになる。3月12日には名古屋、3月14日には大阪、3月17日には神戸、3月19日には再び名古屋が大規模な空襲にあう。そして4月以降は、地方の中小都市も標的となり、ほぼ連日のようにB29が日本各地を襲うこととなった。

東京にも焼夷弾の雨は降る。４月の山の手北部についで、５月も大空襲にさらされた。５月24日は、５６０機以上のＢ29が東京上空に来襲。このおそるべきアメリカの物量的な襲撃に対し、日本には、もはや迎えうつ飛行機もなかった。

翌日の25日、東京の上空を５００機のＢ29が轟音《ごうおん》とどろかせて飛んだ。焼けのこっていた麹町《こうじ》、永田町、霞《かすみ》が関の官庁街、そして丸の内から銀座界隈《かいわい》が標的であった。

３２６０トンというとてつもない焼夷弾が投下された。燃えさかる炎の海は、近い距離にある皇居からも、ありありと見えた。皇居の上空は濃い煙でおおわれ、探照灯《たんしょうとう》で明るくなった夜空を、Ｂ29が低空で飛びぬけてゆく。そして、時間がたつにつれ、皇居の周囲では雲や煙がぶきみなまでに赤く染まって、ゆらゆらとゆらめいている。

皇居の吹上《ふきあげ》御苑の南側に建つ宮殿の屋根裏では、各所に皇宮警察官や特別消防隊員が、じっと座って防火のために待機していた。

皇居では、空襲になると、消火のために宮内《くない》省（宮内庁）の男子、女子職員からなる防空隊が700名、皇宮警察が約400名、警視庁特別消防隊が約800名、そして約1100名の近衛兵が配置についた。合わせて3000人以上の要員が消火任務にあたっていたのだ。

午前1時、空襲警報が解除された。だが、夜空に舞い上がる炎は〝火の玉〟となり、風に乗って皇居に向かって飛んでくる。その火の玉は、何千、いや何万という数であった。配置された要員たちは、必死でそれを消しとめた。消火隊員はほっとして配置を解《と》いた。

ところが、それから10分もたたないときだった。

「おーい、火が出たぞう！　火が出たぞう！」

宮殿のあたりから、叫び声は、夜空を突んざくようにひびいた。消火隊員たちは、空襲も終わり、火を消したとほっとしていた。そこへ、とつぜん、宮殿おくにある正殿から炎が吹きだしたのだ。いつのまにか、火の玉が正殿の廂《ひさし》に入りこみ、くすぶっていたのだ。

消火隊員がいっせいに正殿に向かった。だが、正殿の棟《むね》は回廊の内側にあって、消火活動ははばまれた。思うように進まない。炎はぐんぐんと勢いを強め、正殿は紅蓮《ぐれん》の炎につつまれた。もう、手のつけようもなかった。正殿のなかのものをはこびだそうと、果敢《かかん》に猛火のなかに入っていく消火隊員も少なくなかった。

現在の新宮殿は、1968年（昭和43年）に再建されたが、この宮殿は「明治宮殿」と呼ばれ、明治17年から5年の歳月をかけて完成した。最高の檜《ひのき》材を使い、天井には一枚一枚、あざやかな絵がえがかれ、天井のシャンデリアは、はるばるヨーロッパから取りよせられた。襖《ふすま》も一枚ごと一流画家の手で花鳥《かちょう》がえがかれるなど、それは華麗なものであった。

その宮殿が危機にひんしている。このまま放っておけば、吹き上げる炎は回廊をつたって、さらに、奥宮殿にも燃えうつる。近衛兵のなかの工兵隊が、つなぎ廊下の中間にダイナマイトを装填《そうてん》した。爆破して、火勢をくい止めようとやってはみたが、まるで功《こう》を奏《そう》さなかった。

竣工《しゅんこう》以来、約六十余年、宮殿は躍進日本のシンボルでもあった。二重橋からあおぎみる銅板葺《どうばんぶ》きの宮殿は、神秘な青緑《ろくしょう》に輝いて、明治以来、多くの国民の胸をあつくしていた。それが、わずか3時間ほどで灰燼《かいじん》に帰《き》した。皇后が出産されるときに使われた、鉄筋コンクリートのご静養室をのこすだけで、宮殿はすべて焼け落ちた。

夜が明けるころ、各隊で点呼をとる声がひびいた。行方不明者の名前が呼ばれた。皇宮警察官、警視庁特別消防隊、近衛兵ら、34人が焼死体となって発見された。消火にあたった人たちが、いかに犠牲的に活動したか、殉職者《じゅんしょくしゃ》が物語っている。

天皇・皇后は、半年ほど前から御文庫（宮殿の西、吹上御苑にあった）に移り住まれており、空襲警報発令中は、地下防空壕に退避されていたから無事だった。

午前10時すぎ、天皇は30分ほど焼け跡をじっと見つめられていたが、そこを立ち去られるとき　頬をこわばらせ、しぼりだすような声でこういわれた。

「多くの犠牲者をだして、本当に……気の毒なことになった。残念だったなぁ」

その面《おも》ざしには、何かを思いつめられているような色がにじんでいた。

Ⅳ

御前会議と玉音放送

ポツダム宣言とリトル・ボーイ

東京を砂漠のように壊滅させた米空軍は、その威力を増大させた。そして、ほこ先は、日本の地方都市に向けられた。日本中が、もはや焦土と化すのは、時間のなりゆきであった。

「いったい、戦争はいつまでつづくのか。大国のアメリカを相手にしたことが、だいたいまちがっていたんだ。このままじゃ、もう日本はおしまいだ」

国民のあいだに、そんな声が広まるようになった。空襲で家財を燃えつくされ、食糧は日を追うごとに乏《とぼ》しくなる。「食うに食なく、住むに家なし」で、人びとの心はすさんで疲れ果てた。とても戦意高揚どころではなくなった。

そんな状況を、天皇はよくご存知であった。焦土と化した東京・下町の惨状をご覧になってから、天皇の胸のうちには、この戦争をすみやかに終結しなければならない、という思いが強くなった。それは、昭和天皇が終戦時に詠《よ》まれた、つぎの歌からつたわってくる。（出典・『おほうなばら（大海原）――昭和天皇御製集』読売新聞社、１９９０年刊）

爆撃にたふれゆく民《たみ》の上をおもひ
いくさとめけり身はいかならむとも

だが、軍部は戦争の続行を叫び、一歩もゆずらなかった。和平を口にすれば、〝国賊《こくぞく》〟として投獄《とうごく》されるという時代である。いかに天皇とはいえ、講和《こうわ》（交戦国間の合意で戦争を終結し、平和を回復すること）をおしすすめることは、とても難しいことだった。

そんななか、４月には、沖縄にアメリカ軍が上陸。女学生など、民間人をまきこんでの戦闘がくり広げられ、沖縄は地獄の戦場となる。戦没者は20万人をこえ、もはや、戦局は絶望的となった。

そして7月26日、アメリカ、イギリスなどの連合国は、「ポツダム宣言」を発表し、日本にそれを受け入れるように突きつけてきた。

このポツダム宣言の主な要旨《ようし》は、まず日本軍の解除、日本の軍国主義的な権威の抹殺《まっさつ》、民主政治の確立、民主的な政府が樹立されるまで、連合国が日本を占領すること。そして戦争犯罪人の処罰などで、最終的には、日本の無条件降伏《こうふく》を要求していた。

しかし、日本政府は、このポツダム宣言を無視するという態度をとった。これが連合国側を「日本は、まだ戦う決意だ」とさかなですることとなる。そして、ついにあの日を迎えた。

1945年（昭和20年）8月6日、夜明け前――、南太平洋のテニアン島にあるアメリカ軍の基地から、B29爆撃機「エノラ・ゲイ号」が、日本をめざして飛びたった。

　このB29には、アメリカ軍のあいだで「リトル・ボーイ」、つまり「ちび」という名で呼ばれた一発の爆弾が搭載《とうさい》されていた。これこそが、人類がはじめてつくった悪魔の兵器だった。

　そして午前8時15分、リトル・ボーイと呼ばれる原子爆弾は、広島の上空で炸裂《さくれつ》した。この惨状については、あらためて書くまでもないであろう。

　この日、午後に入ってから、東郷茂徳《しげのり》外務大臣は、皇居に天皇をたずねた。

「広島に投下された新型特殊弾は、原子爆弾であります。この上は、これを転機にして、戦争を終結させたほうがよろしいかと存じます」

　じっと耳をかたむけられていた天皇は、「そのとおりである」と、何度も強くかぶりをふられた。そして、東郷外務大臣にこうたずねられた。

「このような新兵器が使われるようになっては、これ以上、戦争をつづけることは無意味であると思う。もはや、有利な条件をえようとして、戦争終結の時機をのがしてはならないと思うが、どうだろうか」

東郷外務大臣がこれに答えようとすると、天皇は、また口をひらかれた。

「いまとなっては、もう条件を連合国と相談しようとしても、遅いであろう。なるべく早く、終戦にもっていくように努力をしてほしい。よくよくつとめるように」

緊張でかしこまりながら、東郷外務大臣は御所《ごしょ》を退出した。そして、すぐに鈴木貫太郎《かんたろう》首相に天皇のご意向を報告した。

原爆投下についで、さらに日本は窮地《きゅうち》におとしめられる。

8月9日、ソ連が一方的に参戦して、怒《ど》とうのように、満州に攻め込んできた。かの日露戦争以来、日本とソ連は戦争をしないと結んだ「日ソ不可侵条約」を破って、文字どおり、日本を叩きのめしにやってきたのだ。

満州にいた将兵のほとんどがソ連へ拉致《らち》された。そして、極寒のシベリアで、強制的な重労働を余儀なくされた。

日米開戦から3年9か月——、日本は最悪の事態を迎えた。もはや、一刻の猶予《ゆうよ》も許されない土壇場《どたんば》に立たされた。

何としても、活路を見出《みいだ》さなければならない。鈴木首相は「最高戦争指導会議」をひらき、ポツダム宣言への対応について討議することにした。このメンバーは、鈴木首相、東郷外務大臣、阿南惟幾《あなみこれちか》陸軍大臣、米内光政《よないみつまさ》海軍大臣、梅津美治郎《よしじろう》参謀総長、そして豊田副武《そえむ》軍令部総長の6人であった。

議論は、3時間にわたって白熱した。強行に「戦争をつづけるべきだ」と主張したのは、阿南陸軍大臣であった。

「死中に活を求め、本土決戦で一億が火の玉になって戦えば、敵側の出血も甚大《じんたい》なものとなり、我がほうがチャンスをとらえることができる。断じてポツダム宣言など、受け入れるべきではない」

阿南陸軍大臣は、顔面を赤くして叫び、これに梅津、豊田の両総長が賛同した。結局、意見の一致はみなかった。

御前《ごぜん》会議

（いったい、この窮地《きゅうち》をどう収束して、天皇のご意向に添えばいいのか）

鈴木首相は、苦しみ、うめくように悩んだ。なにしろ78歳という老首相だった。連日の会議つづきで、へとへとに疲れはてていた。

（この上は、天皇にお出ましをねがい、御前《ごぜん》会議をひらくしかない）

鈴木首相は、御前会議をもよおしたいむねを、天皇に申し上げた。こうして、天皇を中心にして、会議がひらかれることとなった。

その日（8月9日）もおしつまった午後11時45分、天皇は大元帥の陸軍軍装で、御文庫《おぶんこ》の廊下のはしから地下道へおりられた。

コンクリートの階段がおわると、暗い坑道に出る。黄色い裸《はだか》電球が天井から下がって光っている。やがて、そのおくに会議室が見えてきた。鋼鉄の厚さ30センチもある大きな扉がひらかれた。会議室の四方の壁は、厚さが1メートルの頑丈なコンクリート造り。広さは15坪（約50平方メートル＝約30畳）ほどだった。

天皇が姿を見せ、金びょうぶの前の椅子《いす》に座られた。一同は最敬礼してから着席した。御前会議に顔をそろえたのは、「最高戦争指導会議」の6人のメンバーであった。

天皇は、前に置かれた机の上に軍帽をのせ、こきざみに顔をふるわせていられた。

迫水久常《さこみずひさつね》内閣書記官長が、ポツダム宣言の全文を読みあげた。宣言は、これ以外の日本の選択は、すみやかにかつ完全な壊滅しかないとむすばれていた。おもおもしい空気が室内にながれた。

まず、東郷外務大臣が立ち上がり、「天皇陛下の地位に変化がなければ、ポツダム宣言を受け入れ、無条件降伏するほか道はありません」というむねを述べた。

ついで、指名された阿南陸軍大臣が、けわしい顔つきで立ち上がった。

「私は、外務大臣の意見に反対であります。敵が上陸すれば、また本土決戦において、徹底的な打撃を与えることができるからであります」

本土決戦をとなえて、一歩もゆずらなかった。こうして会議は三対三に分かれ、いつはてるとも知れない。しばらく沈黙があったあとで、鈴木首相が背をまるめて立ち上がった。

「すでに二時間半ちかくなりますが、いまだに意見はまとまりません。もはや、事態は危急存亡《ききゅうそんぼう》のときを迎えておりますので、まことにおそれ多いことではありますが、かくなる上は、天皇陛下の思召《おぼしめ》しをおうかがいして、会議の結論といたしたく存じます」

首相は、天皇に向かってふかぶかと頭をさげた。室内は、水をうったように静まりかえった。やがて天皇は、ゆっくりとした口調でかたりかけられた。

「それならば、自分の意見をいおう。わたしは、外務大臣の意見に賛成である」

そして天皇は、さらにつづけられた。

「本土決戦というが、肝心な九十九里浜の防備も、決戦師団の準備さえも不充分である。飛行機の増産も予定のごとくは進まず、陸海軍も、予定と結果とがどうもちがう。このような状態で、本土決戦に突入したらどうなるか……。どうして、この日本という国を、子孫につたえられるだろうか」

天皇の声は、心なしか、ふるえるようにひびいた。東郷外務大臣の頬を涙がつたった。天皇は、いずまいを正すとこうむすばれた。

「じつに耐《た》えがたいこと、忍《しの》びがたいことであるが、いまは忍びがたきを忍び、耐えがたきを耐えねばならない……。わたしは、この戦争をやめる決心をした」

一同のなかから、すすり泣く声がもれはじめた。天皇は、白い手袋をはめた右手で、いくども目がしらのあたりをぬぐわれた。

鈴木首相が椅子から立ち上がった。

「ただいまのありがたき思召《おぼしめ》しを拝し、これをもって会議の結論といたします」

首相は有無をいわせぬように宣告し、一同は天皇に向かってふかぶかと頭をたれた。

もう、翌日の8月10日、午前2時20分になっていた。ついに太平洋戦争は、天皇の〝聖断《せいだん》〟というかたちで、降伏を決定したのだった。


このあと午前4時、閣議がひらかれた。そして、国体護持《ごじ》に変わりがないことを唯一の条件として、ポツダム宣言を受け入れることが決定された。

それから4日後の8月14日、ふたたび御前会議はひらかれた。これは、〝終戦〟という日本の運命を決める一大事を最終的に確かめるためであった。

午前10時半、地下の会議室に閣僚たち、そして各省庁の関係する官僚らを合わせて、三十余名が参会した。

「閣議では約八分が、連合国からの通告を受け入れることに賛成しております。しかし、まだ、全員一致をみるにいたっておりません。けれども、ことはすこぶる重大でありまして、反対の者の意見も親しくお聞きとりのうえ、かさねてご聖断をあおぎたいとぞんじます」

鈴木首相は、そう天皇に申しあげてから、阿南陸軍大臣に意見を求めた。阿南陸軍大臣は立ち上がって話しはじめた。

「このまま終戦を迎えると、国体の護持について大きな不安があります。やはり、死中に活を求めて……、戦いつづけるべきであり……、降伏には断乎、断乎として反対であります」

阿南陸軍大臣は、とちゅうで涙声になってうったえた。天皇は、眼鏡《めがね》をしばしば押さえながらうなずかれた。ついで、梅津参謀総長、豊田軍令部総長が、降伏には反対であると述べた。

「反対の意見を述べるのは、これだけでございます」

鈴木首相がそういうと、天皇は全員を見わして、こうおっしゃった。

「3人が反対する気持ちは、よくわかった。しかし、わたしの考えは、この前にいったのと変わりがない。わたしは、国内の窮状《きゅうじょう》と世界の現状を、充分に考え合わせたうえで、これ以上、戦争をつづけるのは無理だと思っている」

天皇の声も、涙まじりとなった。眼鏡を持ちあげ、右手をあてられた。

「国体の護持について、それぞれにおそれているようだが、先方もかなり好意を持っていると解釈し、そう疑いたくはない。降伏は、陸海軍の将兵にとって、たいへん辛いものであることは、よーくわかっている。

しかし、わたしの自身は、自分の身はどうなってもよい。国民の生命を助けたい。助けたいのだから、わたしのことや、皇室のことなど心配しなくてもよい」

とぎれとぎれに、天皇の声はひびいた。

それは、人間の声ではなかった。神の声であった。全員がすすり泣きをはじめた。椅子から落ちて、床にうずくまって泣いている者もある。全員が、こらえきれずにしゃくりあげて泣いた。ほおに涙をつたわせながら、天皇はつづけられた。

「このさい、わたしになすべきことがあれば、何ごともいとわない。わたしが直接、国民に呼びかけることがよければ、いつでもマイクの前に立とう。国民は、いまは何も知らないのだから、きっと動揺するであろう。陸海軍の将兵には、さらに動揺も大きかろう。

なだめることは、たいへん困難であろうが、どうかわたしをわかってほしい。わたしは、どうなろうとかまわない。わたしは何もいとわない。何でもする……」

天皇は、目がしらをおさえた。会議室には、嗚咽《おえつ》する声が、堰《せき》をきったように高まった。

このときこそ、日本の再出発のもとがきずかれた瞬間であった。

近衛兵《このえへい》の反乱

天皇がマイクに立つというのは、かつてないことであった。だが、ご自身が「マイクの前にも立とう」といわれたので、終戦に向けて、その準備はすすめられた。

だが、内閣の官房が草案する詔勅《しょうちょく》は、なかなか天皇のもとにとどかない。詔勅というのは、天皇が公《おおやけ》に自分の意志を表わす文書のことだ。

天皇は、「まだか、まだか」と、いらだちながら待たれていた。

8月14日、もう、陽がかたむきはじめていた。ようやく、詔勅がまとまったのは、午後7時すぎのことだった。閣僚たちから、「ここは、こういう言葉をつかうべきだ」、「このいい方は、天皇にふさわしくない」など、さまざまな意見がでて詔勅の草案は遅れに遅れたのだ。

玉音《ぎょくおん》（天皇の声）の録音は、午後6時に予定されていた。が、1時間きざみに遅れていった。ようやくのことで、録音が行なわれることになったのは、午後11時すぎのこと。

天皇は、宮内省の政務室に入られ、終戦を告げる詔勅の録音が行なわれた。

「朕《ちん》深く世界の大勢と帝国の現状とにかんがみ、非常の措置をもって時局を収拾せんと欲し、ここに忠良なる、なんじ臣民《しんみん》に告《つ》ぐ……」

独特の調子で、天皇は朗読をはじめられた。しかし連日、深夜まで公務をされ、睡眠不足でお疲れになっていた。途中で何度か、つかえられた。録音は5分ほどで終わった。担当の者が、録音を再生した。

「いやぁ、うまくいかなかった。いまのは声は低いし、つっかえておる。もう一度、やってみよう」

天皇はそういわれ、ふたたび録音が行なわれた。今度は声は高かった。天皇は、満足なご様子で部屋を出られた。この録音盤は、翌朝、ＮＨＫにわたされ、全国に放送されることになっていた。その夜、徳川侍従は、侍従職の部屋にある金庫にそれをおさめた。

その直後の午後11時半すぎのことである。録音を終えた一行が、坂下門《さかしたもん》にさしかかったところ、殺気だった兵士たちが車を取りかこみ、むりやり近衛兵《このえへい》本部につれてゆき、監禁するという挙《きょ》に出た。

天皇の録音盤があるのを知った少佐たちが、明日の〝玉音放送〟をはばもうと決起したのだった。それは、皇居を守るべきはずの近衛兵の反乱であった。

これに気づいた侍従たちは、結束して戦うことを決めた。しかし、反乱をあらわにした近衛兵たちは、宮内省をくまなく探しまわった。だが、録音盤は見つからない……。

あせり狂った少佐たちは、自分たちをなじった近衛師団長を、その場で射殺する暴挙におよんだ。

やがて、事件の発生を知った東部軍司令官たちが、あわてふためいてかけつけた。

「天皇をお守りする立場のおまえたちは、陛下に銃口《じゅうこう》を向けるというのか。いま、陛下がどんなお気持ちでいられるか……、おまえたちには分からんのかぁ！」

司令官の怒声が、夜のしじまをつんざいてひびいた。

天皇は、録音をおえたあと、お休みになろうとしていたが、そこへ事件発生がつたえられた。それから眠れぬまま、椅子にもたれかかって目をとじられていた。そして、侍従長にこういわれたという。

「いったい、あの者たちは、どういうつもりであろう。わたしのせつないこの気持ちが、どうしてわからないのであろう」と。

録音盤をうばおうとたくらまれた事件は、夜が白むころにどうにか鎮圧された。

終戦への道のりは長く、いくつもの障碍《しょうがい》を越えねばならなかった。そして、ようやくにして8月15日の朝を迎えた。

「ただいまより、重大なる放送があります。全国の聴取者のみなさま、ご起立ねがいます」

正午きっかり、ラジオからアナウンサーの声は流れた。

「天皇陛下におかせられましては、全国民に対し、かしこくも、おんみずから大詔《たいしょう》を宣《の》たまらせたもうことになりました。これより、つつしみて玉音をお送り申します」

そして、『君が代』の国歌が、ゆっくりと、ものがなしく流れた。全国津々浦々で国民は、かたずをのんでラジオを見つめた。

「朕《ちん》深く世界の大勢と帝国の現状にかんがみ……」

玉音は、ややかん高い声だった。漢語調の文体の上に雑音がひどかった。「耐えがたきを耐え、忍びがたきを忍び……」といった言葉だけが、きれぎれに聞こえた。

しかし、「日本は戦争に負けた」「長かった戦争が、ここに終わるのだ」ということだけはわかった。それぞれの胸に、さまざまな思いはながれた。

この日、東京は、朝からじりじりと太陽が照りつけ、正午すぎには、うだるような暑さとなった。そんななか、放送が終わってしばらくすると、皇居前広場には、市民たちが、玉砂利《たまじゃり》を踏んで集まってきた。たちまち、数百人にふくらんだ。

国民服やモンペ姿、鉢巻きをしめている職人ふうの男、詰衿《つめえり》の学生服をきた若者、軍服に身をつつんだ兵隊、そして杖《つえ》をついた老人……。

広場にひざまずいた人たちは、みな、皇居のほうに向かって頭をたれた。いつのまにか、その人びとは、すすり泣きはじめた。砂利にひたいをこすりつけて、泣いている者もいる。そして時間がたつにつれて、人びとの数は、広場を埋めつくすようになった。

「みなさん、天皇陛下におゆるしを乞《こ》いましょう。ああ、この日本は……」

国民服を着た中年の男性が叫んだ。だが、そのあとは声にならない。とめどなく流れ落ちるあつい涙、すすり泣く声は高くなり、低くなり、波のように皇居前広場をつつんだ。

V

マッカーサー日本上陸

筋金入《すじがねい》りの役者

まっ暗なトンネルにはいりこんで、行く手に、なんの光も見えなかった長い戦争は、ようやく終わりをつげた。

ところが、あの玉音放送がながれたあと、日本の敗戦をみとめようとしない部隊もあった。

「冗談《じょうだん》じゃない。日本は負けたんじゃない。戦争はこれからなんだ」

神奈川県の厚木基地にいた航空部隊は、最後まで戦うぞと、気勢をあげていた。そして、日本政府の必死の説得のすえに、部隊が武装解除したのは終戦から5日後の8月20日のことであった。

彼らのような人たちもいたが、多くの国民は、戦争が終わってほっとした。

父や夫、息子たちが、たった一枚の赤紙《あかがみ》（召集令状＝兵隊を集めるための命令書）で、戦場へかりだされた。そして、多くは戦死した。

のこされた家族はまんぞくな食事もとれず、空襲警報のサイレンが鳴りひびくたびに、逃げまどっていた。そういう状況からとき放たれただけで、人びとは救われた思いだった。


暑かった夏も、ようやくしのぎよくなり、吹く風に、ほんの少し、秋の気配を感じるようになった。

１９４５年（昭和20年）８月28日、午前８時すぎ――、神奈川県・厚木飛行場の上空に、アメリカ軍の第一陣が姿をあらわした。つい、10日ほど前まで、戦争をつづけるべきだとさけぶ部隊がいた厚木飛行場である。

そして、２日後の８月30日、この日、日本の運命をにぎるひとりの人物が、日本の大地を踏んだ。その人物の名は、連合国軍の最高司令官、ダグラス・マッカーサー元帥。

空は雲ひとつなく、まっ青に晴れわたっていた。

フィリピンのマニラを飛びたった輸送機「バターン号」は、予定より1時間ほど遅れて厚木飛行場に翼《つばさ》をおろした。そして、午後2時5分、飛行機の扉《とびら》があき、マッカーサー元帥が姿をあらわした。

サングラスをかけ、コーンパイプをくわえたマッカーサーは、タラップの上から日本を見おろした。それから、ゆったりとした足どりでタラップを降りた。

身長180センチの元帥は、アメリカ人としては、それほど、背は高いとはいえなかった。が、うちひしがれていた日本人の眼には、それは大きくそびえて見えたのだった。

だが、マッカーサーのお供の警備兵は少なく、迎えるための儀式も儀礼もなく、米軍将兵で整列したのは、軍楽隊だけだった。そんな儀式は必要がない。自分の姿そのもので、マッカーサーは、日本の国民に強烈な印象をあたえようとしたのだ。

マッカーサーをとりまいたのは、おおぜいの新聞記者であった。自分の姿が多くの人の目にうつることを、マッカーサーは、ちゃんと計算していたといわれる。

翌日の新聞には、サングラスとコーンパイプをくわえたマッカーサーの写真が大きく載る。それを見た日本国民のほとんどが、目を見ひらいておどろいた。

「これから、この私が、この日本を動かしていくのだ。君臨《くんりん》するのは、この私なのだ」

その悠然とした姿は、人びとをおののかせるのに充分だった。

「いやぁ、いかにもこわそうだ。これは……独裁者だぞぉ。これから、日本はいったい、どうなるのだろう」

そんな声が、巷《ちまた》のあちこちでささやかれはじめた。

だが、このふてぶてしそうに見えるいでたちは、じつは、マッカーサー一流の〝演出〟だったといわれる。姿勢もよく、いまでいうイケメンのマッカーサーは、自分でもそれをよく知っていたのだ。だから、それ以上によく見せるには、どうしたらいいかを、よく心得ていた。

マッカーサーにしてみれば、あの瞬間は、日本上陸の第一歩。日本人だけでなく、世界中が注目している一瞬だったのだ。だから、タラップから降りるとき、ここでおどおどしていて、日本人になめられたのでは、この先まずいことになる。そこで、余裕のあるところを見せようと、サングラスとコーンパイプでさっそうと降り立ったのだ。

作家の工藤美代子さんは、著書『マッカーサー伝説』で、つぎのように記している。

《マッカーサーは、コーンパイプを口にくわえて、悠然とバターン号から降り立った。簡単にいってしまえば、この瞬間から、マッカーサー伝説ができ上っ

バターン号で厚木に着いたマッカーサー元帥
写真提供：毎日新聞社

たのである。

ただし、これは自然発生的に生まれた伝説ではなかった。マッカーサー自身が周到に計算し、準備した伝説だった。

彼は何も恐れない、勇敢な人間であり、その上に一種近寄りがたい存在であるという認識を、占領地の人々に植えつけねばならなかった。そのためには、世界中に自分の人物像を披露《ひろう》する必要があった。厚木到着は、マッカーサーにとって、最高の舞台だった》

マッカーサーは、そんじょそこらの駆けだしの役者ではなかった。筋金《すじがね》入り（しっかりした考えのある）の役者だったのである。

「東京までの道のりは、遠かった」

記者たちにそういいのこしてから、マッカーサーは、宿舎として用意された横浜のニューグランド・ホテルに向かった。沿道には、一定の距離をおいて、日本の憲兵《けんぺい》が立っていた。

　この日、横須賀沖（神奈川県）にアメリカ艦隊が姿をあらわし、約1万7000人のアメリカ軍海兵隊が上陸を開始する。こうして、連合国による日本占領がはじまった。

　マッカーサーが、日本に到着して3日後の9月2日。この日、東京湾に浮かぶ戦艦「ミズーリ」の艦上で、降伏文書への調印式が行なわれた。ポツダム宣言の正式な受諾《じゅだく》だった。

　マッカーサーは、この日のためにわざわざ本国のアメリカから、星条旗をとりよせている。1853年（嘉永《かえい》6年）、ペリーが江戸幕府に開国を迫ったとき、黒船《くろふね》にかかげられていた星条旗であった。調印式に先だって、マッカーサーはこうスピーチをした。

「今日、私たちは、92年まえのペリー提督《ていとく》に似た姿で東京湾にいる。ペリー提督の目的は、日本に英知と進歩の時代をもたらし、孤独のベールを引き上げることであった。

この厳しゅくなる機会に、過去の流血と殺りくのうちから、信頼と自由の上に立つ世界が生まれることを期待する……」

午前9時4分、まず天皇および日本国政府を代表して、重光葵《しげみつまもる》外務大臣が調印した。

重光外務大臣は、上海《シャンハイ》事変《じへん》が起きたとき、テロにあって片足を失っていた。そのため、義足でいたいたしく足を引きずりながら、調印式にのぞんでいた。その姿が、戦いに敗れて、この先、どうなるかわからない日本を象徴しているようだった。

つづいて9時8分、マッカーサーがサインをし、連合国代表の8名が調印を終えた。そして調印式の最後に、マッカーサーは、力強く叫ぶようにいった。

「平和はここに回復された。ねがわくば、神がこれを維持したまわんことを、ともどもに祈ろうではないか」

日本が連合国に降伏することが、正式に確認されたのである。

そして、9月8日、占領軍は横浜から首都・東京に進駐した。マッカーサーは、虎の門（いまの東京・港区）のアメリカ大使館にはいる。秋もはじめの大使館の屋上に、星条旗が風をうけて、まぶしくひるがえった。

アイ・シャル・リターン

ダグラス・マッカーサーは、1880年（明治13年）、アメリカ南部に生まれた。祖父は著名な法律家、父はエリート軍人という名門の家庭である。ダグラスは三男で、長男も軍人だったが、若くして病死している。

マッカーサーは17歳で、テキサス州のミリタリー・アカデミーを首席《しゅせき》で卒業。ついで、エリート軍人を養成する陸軍士官学校に進んだ。ここでも秀才ぶりを発揮。在学中、ずっと首席をとおし、士官学校がはじまって以来の成績で卒業した。

1903年、23歳で工兵隊少尉となったマッカーサーは、最初の任地であるフィリピンへおもむく。このフィリピンで、若きマッカーサーは、マニラ湾を整備し、バターン半島の道路建設などの指揮にあたった。

だが、伝染病のマラリアにかかったため、2年ほどで本国に帰ったが、再びフィリピンにやってくる。マッカーサーにとって、フィリピンは「第二の故郷」となった。

そして、第一次世界大戦では、欧州戦線に参加。フランス戦線で何度も負傷したが、決して前線をしりぞかなかった。数々の戦果をあげ、28歳で准将となるという、めざましい昇進ぶりだった。

さらに、39歳という若さで、マッカーサーは、母校である陸軍士官学校の校長となる。この3年後、マニラ軍管司令官となり、フィリピンに駐在。45歳でアメリカ陸軍史上において、最年少で少将にのぼりつめた。マッカーサーの躍進はつづく。50歳で陸軍の参謀総長に任命された。まさに絵にかいたような超エリートの道を歩んだのだ。

この職をしりぞいてからマッカーサーは、またフィリピンにおもむき、政府の軍事顧問をつとめる。

そして太平洋戦争中（第二次世界大戦）は、アメリカ極東軍司令官となり、日本攻撃の責任者となった。当時、アメリカは、仮想敵国《かそうてきこく》を日本とみなしていた。太平洋にあるアメリカ領土を、日本軍の攻撃から守るために、さまざまな戦略をねっていた。これに大きく貢献したのが、ほかならぬマッカーサーであった。

しかし、戦局はマッカーサーに不利となる。日本軍は、やんやの勢いで空から、海からフィリピンを攻撃。さすがのマッカーサーも、フィリピンの首都・

マニラから逃げださなければならなくなる。

「にっくき、日本軍め、いまにみてろ！」

マッカーサーの胸には、日本への敵意がむらむらと燃えあがったにちがいない。

アメリカ本土からの応援部隊を待ったが、援軍はまったくこなかった。ヨーロッパ戦線をおもんじる本国は、兵力をフィリピンにむける余裕がなかったのだ。マッカーサーは、フィリピンの北東にある、バターン諸島までしりぞかなければならなかった。

「よーし、これで引きさがってなるものか。かならず、かならずフィリピンをうばい返してみせる」

さらに、オーストラリアに脱出したマッカーサーは、気持ちを高ぶらせ、闘志を燃やした。そのとき、待ちかまえていた記者団に、マッカーサーは、歴史にのこる言葉を口にしている。

「私は大統領から、日本の戦線を突破して、オーストラリアへ行けと命令された。その目的は、日本に対する、われわれの攻める態勢を強くすることだ。その最も大きな目標は、フィリピンを救うことだ。

アイ・シャル・リターン、私は、また帰ってくる。かならずフィリピンに帰ってくる」

『アイ・シャル・リターン』――私は、帰る。これは、マッカーサーの強い思いがこもって、インパクトが強い。これまで、エリート軍人としてかがやかしい道を進んできたマッカーサーが、日本軍によって汚点をつけられた。誇《ほこ》りたかき男の復しゅうの思いが、この言葉にこめられたのだ。

この「アイ・シャル・リターン」は、マッカーサーの顔写真とともに、宣伝ビラに印刷された。そして、日本軍によって占領されているフィリピンの上空からまかれた。フィリピンの人々を歓喜させ、民衆の心をはげますことになったのだ。

そして１９４４年（昭和19年）10月はじめ、マッカーサーは、艦艇７３４隻《せき》、兵員17万４０００人という太平洋戦争史上、最大の兵力をひきいて、フィリピンへ向かった。

10月20日、マッカーサーは、フィリピンの民衆にこう呼びかける。

「私はマッカーサー大将である。フィリピンの市民諸君、私は、約束をはたすために帰ってきた」

こうして、一度は日本軍にうばわれたフィリピンを、マッカーサーはうばい返したのである。これによって、アメリカ軍をひきいる英雄として、アメリカでの人気は一気に高まった。いや、国民的英雄として、つぎのアメリカの大統領に、という声が高なったのだ。

そのマッカーサーが、日本の敗戦とともに、連合国軍最高司令官となり、日本にやってきた。日本軍に敵意の念を燃やしたマッカーサーは、65歳。ここに日本の命運は、彼の手にゆだねられることになったのである。

はためく星条旗

アメリカ大使館に陣どっていたマッカーサーは、静かに動きだす。数日して、マッカーサーは、皇居のお堀をへだてた真向かいの第一生命ビルに、連合国軍司令部（ＧＨＱ）をおいた。日本政府に、前もって知らせることもなく、ＧＨＱを大使館から、皇居の目の前にうつした。

屋上にかかげられた星条旗が秋風にはためいている。マッカーサーは、そのビルの部屋から、皇居を、じろりと眺《なが》めているようなかまえであった。いや、この日から、あの戦争の勝者であるマッカーサー元帥と、敗者である昭和天皇は、お堀をへだてて向き合うことになったのだ。

毎朝、午前10時半、マッカーサーは自宅となっているアメリカ大使館の公邸をでると、黒塗りのキャデラックで、第一生命ビルにやってくる。玄関で儀仗《ぎじょう》兵が出迎える。そして、午後2時半、昼食をとるため、大使館にもどる。午後4時半から再び仕事をはじめ、午後8時半に公邸にもどる。

公邸と第一生命とのあいだを、まるで判でおしたように往復することを、日常としはじめる。マッカーサーは、この司令部のなかにいても、秘書官と信頼する副官のほかは、そうかんたんに人と会うことはなかった。

そんなマッカーサーを、お堀のそばにいることから、人びとは「堀ばた天皇」とひそかに呼ぶようになる。だがマッカーサーが、これからの日本を、どうしようと考えているのか、だれにもわからなかった。

そして、連合国司令部は、いよいよその行動をスタートさせる。

9月11日、GHQはいっさいの予告もなしに、東條英機《ひでき》陸軍大将をはじめ、38名を戦争犯罪人として逮捕し、巣鴨拘置所《すがもこうち》に収容したのだ。

戦争がはじまったころ、首相もつとめた東條大将は、「生きて虜囚《りょしゅう》（とらわれ人）のはずかしめを受けず」という〝戦陣訓《せんじんくん》〟（戦うときの心がまえ）をつくった人物であった。それだけに、かつての敵のはずかしめを受けることには、耐えられなかったのであろう。

東條大将は、逮捕のためアメリカの将校らが自宅にやってくる直前に、みずから拳銃で心臓をぶちぬいた。しかし、銃弾は心臓をわずかにはずれ、肺をつきぬけた。重傷をおったが、アメリカ軍医の手あてによって命をとりとめた。

戦争犯罪人としての逮捕は、その後もつづいた。軍人、政治家、経済人など、あの戦争とかかわりのあった人たちは、「明日は、自分がつかまるのではないか」とおそれ、息をひそめて日をおくるようになった。

昭和天皇が、もっともおそれていたことが、現実となったのである。なぜなら、戦争責任者の逮捕は、天皇にとって身をきられるようにつらいことだった。日本政府には、いずれ天皇や皇族《こうぞく》も戦犯（戦争犯罪人）として逮捕されるのではないか、という危機感がつのった。

「天皇がとらえられて、アメリカにつれていかれる」

人びとのあいだにそんなうわさがながれるようになった。

このことは、つぎのようなことからもわかる。終戦直前の1945年（昭和20年）6月、アメリカのギャラップ社という会社が、「戦争のあと、日本の天皇をどうすべきか」について、ひそかに世論調査を行なった。

それによると「殺してしまえ」「飢え死にさせよ」という激しい意見が36パーセントとトップをしめた。アメリカ国民の77パーセントが、天皇に対して何らかの処罰を要求するというきびしいものであった。

だが、マッカーサーから、天皇に対しての対応はなんらもたされない。マッカーサーの真意が見えてこない。天皇にとって、これほどぶきみなことはなかったであろう。昭和天皇の胸のうちは、くらく沈むことになった。

しかし　マッカーサーは、連合国が要求する戦犯のリストに、天皇をくわえる考えはもっていなかったといわれる。

そんなマッカーサーに、大きな影響をあたえた人物がいた。補佐官のボナー・フェラーズである。フェラーズは、マッカーサーにこう進言した。

「ずいぶんとしらべて研究したのですが、私の結論は、日本の天皇というのは、日本人の心のよりどころとなっているということです。ですから、天皇の威光をうまく利用して、日本の統治を進めるべきだと、そう考えるところです」

だが、天皇をこのままにしてはおけない。

「ここらで天皇を呼びよせて、面会してみてはどうでしょうか」

GHQの幹部のなかには、そう進言するものもいた。だが、マッカーサーはこう答えた。

「いや、もう少し待とう。そのうち、天皇のほうから、私に会いにくるだろう」

マッカーサーは、天皇の訪問がそろそろあるのではないかと、ひそかに待ちのぞんでいたようなのだ。

そうしたなか、宮内省（いまの宮内庁）が、マッカーサーの気持ちをさぐってみようと、考えるようになる。そこで天皇の使者として、藤田尚徳《ひさのり》侍従長が、マッカーサーをたずねることになった。

約束の時間に、藤田侍従長は、第一生命ビルについた。かなりのあいだ、ロビーで待たされたあと、ようやく6階の執務室にとおされた。マッカーサーは、おくの応接室に侍従長をまねき入れた。

藤田侍従長は、これは天皇のお言葉であると前おきして、つぎのようにつたえた。

「元帥は開戦以来、ほうぼうの戦場で戦ってこられたが、ご健康はどうであろうか。炎熱の南方諸島で、健康をそこなわれるようなことは、なかったろうか。また、日本の夏は残暑がきびしいので、どうか、充分に健康にご注意あられたい」

するとマッカーサーは、おだやかな笑みをうかべて答えた。

「私のことをいろいろご心配くださって、感謝にたえない。どうか、天皇によろしくおつたえくださるように」

マッカーサーのいいかたは、とてもていねいだった。藤田侍従長が海軍大将だったことを知っていて、「アドミラル（提督《ていとく》）フジタ！」と呼んで、シガレット（タバコ）をすすめたほどだった。

さらに9月18日、新しく外務大臣に就任した吉田茂《しげる》が、マッカーサーを訪問した。

「天皇陛下には、閣下《かっか》をご訪問したいとのお気持ちをおもちですが……、閣下は陛下がおたずねになることを望んでいられますか」

吉田茂外務大臣は、眼鏡のおくの目をしばたたかせた。マッカーサーは、心なしか目をかがやかせるようにしていった。

「日本への私の進駐がスムーズに進んだのは、天皇陛下の協力が大きいと思う。

訪問されるのなら、よろこんでお迎えする」

こうして政府と宮内省が話しあい、天皇とマッカーサーの会見が実現することとなった。

その日は、９月27日と決まった。

Ⅵ

天皇とマッカーサーの会見

白くかがやく大使館

1945年（昭和20年）9月27日――。

天皇の玉音放送により、日本のあの長い戦争にピリオドが打たれてから、まだ1か月半もたっていなかった。

この朝、昭和天皇は、いつもより早くお目覚めになった。皇后《こうごう》といっしょにとられる朝食は、ふつうは1時間ちょっとかかるが、少し早めに切りあげられた。天皇の面《おも》ざしは、心なしか、緊張なさっているように見うけられた。

いよいよこの日、天皇は、はじめてマッカーサー元帥と顔を合わされ、会見にのぞまれるのだ。

午前9時40分、仕立てのよいモーニングに身をつつんだ天皇が、吹上《ふきあげ》御所の玄関に出てこられた。そのうしろから、天皇のシルクハットを手に持った皇后が、ゆっくりとした足どりでつづいた。

玄関ホールには、侍従たち、女官《じょかん》がならんでお辞儀をした。天皇をお見送りする側近たちはみな、これから天皇が、ついこのあいだまで敵将であったマッカーサーに会いに行かれることを知っていた。

いつもは、「今日は、よく晴れているね」などといわれる天皇は、口をひらかれない。動きも、どこかぎくしゃくなさっているように感じられた。

（陛下は、このまま、ご無事にもどられるのだろうか……）

（陛下は、正直なかたであるだけに、何をおっしゃられるか……。場合によっては、相手の心証をわるくして、そのまま囚《とら》われの身となられるのではないだろうか）

側近たちの胸に、そんな不安な想いがわいた。どうにも、それを、ぬぐいさることができない。お供する者も、見送る者も、これから天皇のうえに何が起こるのか、だれにも想像ができなかった。

ぴーんと、弓の弦《げん》が張りつめたようなしずけさがただよっていた。お見送りになる皇后の顔にも、あの柔和な笑みはなかった。

皇后が天皇に靴《くつ》べらをわたされ、天皇は靴をはかれた。

「ごきげんよう」

皇后がそういって、お辞儀をされた。

「ごきげんよう」

ふり返られた天皇が、そう答えられた。この朝の玄関で、おふたりのあいだで交わされたのは、「ごきげんよう」のあいさつだけだった。この言葉に、おふたりは、万感の思いをこめられたのであろう。それは、まるで長い別離のシーンにも見えた。

秋深し冷たき風の吹上《ふきあげ》に
お送りあげぬただ涙にて

これは、ある侍従が詠んだ歌だが、この朝の張りつめた様子がつたわってくる。

玄関ホールを出られた天皇は、黒塗りの御料車の後部座席に乗りこまれた。向き合って、藤田尚徳侍従長が座った。お供《とも》の車は、たったの2台だけだった。この2台に、石渡荘太郎《いしわたそうたろう》宮内大臣、徳大寺実厚《さねあつ》侍従、そして、通訳をつとめる外務省参事官の奥村勝蔵《かつぞう》らが乗った。この日は、先導するオートバイもなかった。

天皇のマッカーサー訪問は、できるだけ、気づかれないように行なわれた。天皇が乗った車はゆっくりと動きだす。そして、アメリカ大使館への道を進んだ。

昭和天皇とマッカーサーの会見は、GHQが置かれた皇居の向かい側にある、第一生命ビルで行なわれるものだと、日本側の関係者は思っていた。ところが、マッカーサーから、場所はGHQよりも、アメリカ大使館公邸のほうがよいという指示があったのだ。

マッカーサーは、天皇という立場をおもんぱかり、天皇のプライベートなかたちでの訪問にしたかったからだといわれている。

車列は二重橋《にじゅう》をわたると、祝田橋《いわいだ》交差点を右にまがった。沿道には、ところどころにアメリカ兵が立つだけで、ひとりの警官の姿もない。天皇の車がとおるとは知らずに、交通整理の巡査が、笛を鳴らしつづけている。

これまで天皇の行幸となれば、交通規制が行なわれた。しかしGHQから、「道路整備も警備も必要なし。信号どおりに走れ」そう命じられていた。だから、信号にしたがって走るほかなかった。

やがて、桜田門《さくらだ》交差点にさしかかった。警視庁の前で、信号が赤になった。車列は停《と》まった。ところが運悪く、御料車の横に、ちょうど都電が並んで停まった。都電の窓から、ふしぎそうな顔で、御料車のなかをのぞく乗客もいた。

9月8日にアメリカ軍が東京に進駐して以来、天皇が皇居の外に出るのは、はじめてのことだった。そして、都電の窓からのぞかれるとは、天皇には思いもかけられないことだった。それからいくどか、車列は赤信号でストップした。

霞《かすみ》が関をへて虎《とら》の門にさしかかる。道路の両側には、空襲で焼きはらわれた街が、焦土となって広がっている。焼けただれたビルの残がいが、積木《つみき》をくずしたように並び、秋の陽にさらされている。

道を行く人たちは、力のない足どりで、背をかがめるようにして歩いている。そのほとんどが、頬がげっそりとこけ、目がくぼんで生気《せいき》がなかった。

御料車の窓から天皇は、ときどき外をご覧になっていた。天皇は、ただ無言だった。

（これから、どんな事態になるのであろうか）

藤田侍従長は、息をするのも苦しくなった。大使館への距離がちぢまるにつれ、天皇のお顔が、愁《うれ》いに沈んでいかれるように、侍従長には思われてしかたがなかった。

車列はスピードをあげた。坂を進む。やがて白くかがやく大使館が見えてきた。

大きな右手

車列は、大使館のわきの坂をあがっていく。指定されたとおり、正門からは入らずに、車列は横にある門へ向かった。

すると、小銃を持った衛兵《えいへい》が、右手を大きくあげて、行く手をさえぎった。

（いったい、どういうことだろう）

藤田侍従長をはじめ、お供の者の顔が青ざめた。一瞬《いっしゅん》、緊張の空気がただよった。が、衛兵は、たった3台の車列が、天皇の一行だとは思わなかったのだ。しばらくすると、門のおくから背の高いアメリカ兵が急ぎ足でかけてきた。

「たいへん、失礼いたしました。さあ、どうぞ」

車列は、門のなかにまねき入れられた。侍従長は、胸をなでおろした。

玄関のところで、天皇は、車から降りられた。一瞬、天皇はたじろぎにも似た、とまどいを感じられたのであろう。頬《ほお》がふるえるようになった。緊張なさった様子はかくせなかった。公邸の玄関に、ふたりの将校が、いかにもいかめしそうな表情で立っていたからだ。

（いよいよ、はじまるのだ。いよいよ……）

お供の者のあいだにも、緊張の色が走った。天皇を出迎えたのは、マッカーサーの側近であるフェラーズ准将《じゅんしょう》と、副官のパワーズ少佐だった。天皇は、まだ緊張されていたが、ふたりに向かって、ていねいにお辞儀をされた。

「ようこそいらっしゃいました、陛下」

フェラーズ准将が、にこやかな笑みをうかべて、天皇に握手をもとめた。いかめしそうに見えたのは、天皇とお供の者が、かちかちになっていたからだった。

〝ようこそいらっしゃいました〟このひと言で、天皇は、ようやくほっとされた表情をうかべた。

パワーズ少佐が、天皇の帽子を受けとり、「ホールへどうぞ」と、一行をうながした。玄関を入ると、そこから広く、長い廊下がつづいていた。

これは後日、ある侍従が語ったことだが、この日、公邸の玄関で、笑顔で手をさしのべたフェラーズ准将に、天皇はいたく強い印象をもたれた。皇居にもどると、侍従にこうおっしゃった。

「あの礼儀正しく、親しげに応じてくれた将校は、どういう人物であるか」

侍従がしらべて、フェラーズ准将の人となりをつたえた。天皇はうなずかれ、ご自身の写真に「裕仁《ひろひと》」とサインをし、フェラーズ准将におくられたという。

大使公邸の玄関には、マッカーサーの姿はなかった。この日、マッカーサーは、天皇を玄関で迎えもしない、また見送りもしないと決めていたからである。パワーズ少佐が、天皇とお供の者たちを廊下のおくに案内した。右ななめ、おくのほうに、大広間の入口が見えた。

大広間の扉の前で、ひとりの男が立っていた。それこそが、連合軍最高司令官のダグラス・マッカーサーであった。マッカーサーの表情に笑みはなく、ちかよりがたい雰囲気《ふんいき》があった。

天皇は、緊張ひとしおの面持ちで、一歩一歩ふみしめるようにして、マッカーサーにちかづかれた。そして天皇は、しずかに腰を折ってお辞儀をされた。

「ユアー、マジェスティ（陛下）」

マッカーサーは、大股《おおまた》で天皇に歩みよった。天皇は先ほどよりも、さらに姿勢をひくくして、また、お辞儀をされた。マッカーサーの頬が、心なしかゆるんだように見えた。つぎの瞬間、マッカーサーの大きな右手がさしだされた。

「ようこそ、いらっしゃいました」

ようやく笑みをうかべて、マッカーサーが天皇に握手をもとめた。天皇は、ぎこちない様子《ようす》で握手をかわされた。マッカーサーの身長は、1メートル80センチ。一方、昭和天皇は、1メートル65センチくらいである。

その天皇が握手をしながら、また、ひくく一礼をする。まるで天皇の頭の上で、マッカーサーが握手をしているようなかっこうとなった。

この日、マッカーサーは、ネクタイもつけない、オープン・シャツというラフなスタイルだった。これに対し、天皇はきちんとした正装のモーニング姿。勝者と敗者——、両者の立場が、いやがうえにもきわだったのだった。

天皇は元帥に、連れてきた者をひとり、ひとり紹介された。マッカーサーは事務的な表情でうなずいていた。そして、天皇を大広間のなかへうながした。これに藤田侍従長らがつづこうとした。すると、マッカーサーが両手を前にふって「ノー」のサインをだした。藤田侍従長らお供の者は、別室で会見がすむまで待つように命じられた。

マッカーサーに案内されて、大広間のおくにある応接室に入ったのは、天皇と通訳の奥村勝蔵だけだった。

昭和天皇とマッカーサーのこの歴史的な会見については、さまざまな文献資料がある。それらをひもといてみると、この会見の日、じつはマッカーサー自身も、昭和天皇とおなじように、とても張りつめた気持ちで朝をむかえたのだ、ということがわかる。

占領軍の最高司令官であり、アメリカの大使館の主人は、マッカーサーであった。

《そのマッカーサーがいつもの自信あふれる強い口調で妻のジーンにいった。今日は、とにかく日本人の使用人全員を、どこか一か所にとじこめて、そこから一歩も外へださないようにしてほしいと》（工藤美代子著『マッカーサー伝説』）

それというも、このころの日本人には、天皇は〝現人神《あらひとがみ》〟であった。そばにちかづくことさえ許されない存在である。その天皇が、大使館で働いている日本人の目の前に姿をあらわしたなら、彼らはきっとショックのあまり、気絶してしまうであろう。マッカーサーは、そんなこまやかなことまで、気をくばっていたのである。

天皇が案内された応接室は、ふわふわとした厚いじゅうたんが敷きつめられていた。そして部屋のかべぎわに、マントルピース（洋室のかべにつくられた暖炉《だんろ》）がしつらえてあった。

9月の下旬であるが、まだ、それほど寒くはなかった。だが、マントルピースには、あかあかと火が燃えていた。ここにも、じつはマッカーサーの気くばりがあったのだ。

大使館公邸の大広間は、戦争のあいだ、ほとんど窓が閉ざされたままであった。そのため、どことなく、湿っぽさをふくんだ空気が感じられた。この湿気を、とりのぞかなくてはならない。

「まだ寒くはないけど、暖炉に薪《まき》をくべて炊《た》くことにしましょう。そうすれば、この広間の空気もからりとしてくるわ」

マッカーサー夫人のジーンが、そう提案したのだ。マッカーサーは、それはいい考えだと、大きくうなずいた。

「日本のエンペラーがいらっしゃるのに、かびくさいお部屋では、申しわけないもの」

公邸の職員に命じて、ジーン夫人は薪をくべさせた。それから5日間ほど、暖炉の火は燃やされた。天皇が公邸を訪問になる日までに、かびくさい匂《にお》いや、湿気がとれるだろうか。ジーン夫人は、気をもんだのだという。

ウヌ！　マッカーサーの野郎《やろう》

マントルピース（暖炉）があかあかと燃える応接室に、天皇は、少し歩《ほ》をはやめて進まれた。すると、思いがけないことが起きた。

「陛下、ここへお立ちください」

とつぜん、マッカーサーが天皇を、部屋の中央に案内した。

天皇は、これから何がはじまるのか、わけがわからないままに、マッカーサーの言葉にしたがった。緊張をかくせない天皇の右側に、マッカーサーは、さりげない様子で立った。

すると、バタバタッと足音がした。「陸軍写真班」という腕章をつけた兵隊が、部屋のなかに入ってきた。そして、中腰の姿勢になると、やにわにカメラをかまえた。

びっくりした通訳の奥村が、何かいおうとしたが、とっさのことで言葉にはならない。奥村は、あとずさりするしかなかった。つぎの瞬間、フラッシュが光った。抜き打ちの写真撮影である。そして、それから2回、フラッシュはたかれた。

はじめ、いきなりのフラッシュに、天皇はたじろいだ様子だったが、何ごともなかったような面《おも》ざしで、しばらく立ちつくされた。3枚の写真を撮ると陸軍専属のカメラマンは、足早に部屋を出ていった。

昭和天皇とマッカーサーの会見は、翌々日（9月29日）、写真付きで新聞に掲載された。

そこには、モーニングの正装で、直立する天皇。その横で、両うでを腰のうしろにあて、まるでスナップ写真に気楽に応じているような大柄のマッカーサー。

この写真は、勝者と敗者のまぎれもない現実を、無言のうちに深く印象づける効果をもっていた。この写真に、多くの日本人は、大きな衝撃を受け、あらためて敗戦を身にしみて感じることになった。いまも、多く人たちの記憶にのこっているにちがいない。

この写真の掲載をめぐっては、日本政府とGHQのあいだで、意見の対立が起きたのだった。

最高司令部から「新聞に掲載するように」と、わたされたこの写真に、まず、しぶい態度を示したのが内務省《ないむ》であった。「陛下を恥《は》ずかしめることになる」というのが、その理由だった。これに、最高司令部から、ただちに強い抗議がわいた。

「ともかく、写真を新聞に載せろ」

天皇裕仁（後・昭和天皇）とＧＨＱ最高司令官・マッカーサー元帥

写真提供：毎日新聞社

司令部はかんかんに怒って、内務省の申し立てをはねつけた。それは、命令にひとしいものだった。こうして、会見の写真は、2日後の9月29日の朝刊をかざることになった。

日本国民は、この1枚の写真にさまざまな思いをよせた。日本は戦争に負けたのだから、これくらいのことは仕方がないと、そう思った人も少なくなかったかもしれない。

しかし、怒り心頭《しんとう》に発した人もいた。たとえば、歌人の斎藤茂吉《もきち》は、日記にこんなふうに怒りをぶつけている。

《今日ノ新聞ニ　天皇陛下ガマッカーサーヲ訪ウタ御写真ノッテイタ。ウヌ！マッカーサーノ野郎》（9月30日）

Ⅶ

一杯のコーヒー

ふるえる手

応接室のマントルピースには、あかあかと火が燃えている。部屋の中央には、大きなテーブルがあった。

「どうぞ、おかけください」

マッカーサーは、天皇に椅子《いす》をすすめた。ふたりはテーブルをはさんで相対するかたちとなった。この会見に立ちあうのは、通訳をつとめる外務省の参事官、奥村勝蔵だけであった。

「いやぁ、先ほどは、たいへんご無礼をいたしました。じっさい、写真屋というのは、へんなものです。パチパチ撮っても、できあがってくるのは、一、三枚ですからね」

マッカーサーがかざらない口調で、とつぜんの写真撮影の非礼をわびた。天皇は、まだ緊張がとけない面《おも》ざしだった。が、少し頬をゆるめて、こう口をひらかれた。

「閣下《かっか》は、長いあいだ、南方《なんぽう》にいられたそうですが、おからだはだいじょうぶですか」

「おかげをもって、きわめて壮健であります。私の熱帯生活は、連続して10年におよびました」

こういったあと、マッカーサーは、テーブルの上にあるケースから、タバコを1本とって、天皇にすすめた。天皇は、心なしかこきざみにふるえる手で、それを受けとった。天皇はタバコをすわれないのである。マッカーサーは、つとめて天皇の気分をやわらげたいと思ったのであろう。それから、こう語りかけた。

「私は、日本とは40年来《らい》のかかわりがあるのです。というのは、まず、はじめて日本を訪問したのは、日露《にちろ》戦争のときでした。父（注：アーサー・マッカーサー中将）が従軍武官として日本にきたとき、私はその副官としてやってきたのです。

この日露戦争のとき、私は一度、天皇の父君（大正天皇）に拝謁《はいえつ》したことがあります」

それは、かつて日本を訪れたときの思い出話だった。このことは、後にマッカーサーが退役《たいえき》して故国《ここく》・アメリカに帰ってから著した『マッカーサー回想記』に書かれている。

タバコをすすめ、日本をかつて訪問したことがあると、マッカーサーは最初、雑談から会見をはじめた。緊張されていた天皇の面《おも》ざしが、少しゆるんだように通訳の奥村には感じられた。奥村がほっとしたそのときだった。

とつぜん、マッカーサーが奥村に強いまなざしを向けると、叫ぶようにいった。

「テル・ザ・エンペラー！」（天皇に告げよ！）――、

それからマッカーサーは、まるで演説のように、とうとうと語りはじめた。

通訳の奥村勝蔵は、天皇とマッカーサーの会見を記憶しているかぎり、後に記録していたらしい。会見からちょうど30年たった1975年10月。『奥村の手記』が公《おおやけ》にされた。それを引用しながら、マッカーサーが天皇に話したあらましを、わかりやすく紹介してみたい。（原文は長文である）

マッカーサー「戦争手段の進歩、ことに強大なる空軍力および、原子爆弾の破壊力は筆舌《ひつぜつ》につくしがたいものがある。今後、もし戦争が起こるとすれば、そのときは勝者、敗者の論がなく、ひとしく破壊つくして、人類の絶滅にいたるであろう。

現在の世界には、いまなお憎悪と復しゅうの混迷がうずを巻いているが、世界の達見《たっけん》の士《し》は、よろしくこの混乱を通じて、遠き将来を見すえ、平和の政策をもって世界を指導する必要がある」

ここまで張りのある声でいったあと、マッカーサーは、また、通訳の奥村に目を向けた。

「テル・ザ・エンペラー！」――、そして、マッカーサーの演説口調はつづいた。

マッカーサー「日本再建の途《みち》は、困難と苦痛にみちていることと思うが、それは、もし日本が戦争をつづけることよってこうむる惨害にくらべれば、何でもないことであろう。

もし日本が、さらに抗戦をつづけていたならば、日本全土は文字どおり殲滅《せんめつ》し、何百万とも知れぬ人民が犠牲になったであろう。自分は日本を相手に戦っていたのであるから、日本の陸海軍が、いかに絶望的な状態にあったかをよく知っている。

終戦にあたっての陛下のご決意は、国土と人民をして、測りしれない痛苦をのがれしめられた点において、まことにご英断である」

このあと、しばらくマッカーサーの弁はつづいた。そのおおむねの内容は戦争と平和、日本の立場などについての考え方を述べたものだった。天皇は、身じろきもせずに、マッカーサーの所信（信ずること）に耳をかたむけていた。

おごそかな語り口で所信をあらわしたマッカーサーだが、じつは、前にもふれたように、天皇に対しては、相当に気をつかったとつたえられる。しかし、会見の冒頭では、自分の考え方を話さずにはいられなかったのであろう。

もっといえば、マッカーサーとしては、天皇自身にこれからの日本のことを、話したいという気持ちが強かったのであろう。

そんなマッカーサーは、この会見の前に、部下に指示して、昭和天皇についていろいろと調べていた。たとえば天皇が生物についてくわしく、とりわけ海洋生物学では、学者のような知識をもっていることを知っていた。このような情報をもって、マッカーサーは、会見に臨《のぞ》んだのだといわれている。

しかし、天皇は緊張されていた。無理もない。この会見の成否が、日本の将来を決めることにつながっていたからである。

『マッカーサー回想記』には、そのときの様子がこう書かれている。

《天皇は落ち着きがなく、それまでの幾月かの緊張を、はっきりとおもてに現していた。天皇の通訳以外は、全部退席させたあと、私たちは、長い迎賓《げいひん》室の端にある暖炉の前に座った。

私が米国製のタバコをさしだすと、天皇は礼をいって受取られた。そのタバコに火をつけてさしあげたとき、私は天皇の手がふるえているのに気がついた。

私はできるだけ天皇のご気分を、楽にすることにつとめたが、天皇の感じている屈辱の苦しみが、いかに深いものであるかが、私にはよくわかっていた》

最上の紳士《しんし》

およそ10分ほどで、マッカーサーの演説は終わった。一語、一語にとても歯ぎれのよいひびきがあった。

そこへ、ひとりの日本人が姿を見せた。その人は、船山貞吉《ふなやま》といった。大使邸の責任者で、長く駐日アメリカ大使に仕えていた。マッカーサーの信頼もあつく、ジーン夫人にも好感をもたれ、マッカーサー一家の世話をしている老人である。

この日、船山は、黒紋付《もんつき》の羽織袴《はおりばかま》に白足袋《しろたび》といういでたちであった。船山のふだんの服装は、アメリカ軍のスタイルであったが、陛下をお迎えするにあたり、礼儀をつくしたいと、この装《よそお》いにしたのだった。

その船山が、コーヒーカップをのせた銀色のトレーを、ささげるように持って、テーブルに近づいた。

そして、天皇、ついでマッカーサーの前に、うやうやしいしぐさでコーヒーカップを置いた。

天皇は、端然とお座りになっている。カップを置いてから、船山は天皇に深々と一礼をした。天皇はかすかにうなずかれ、口もとを心なしか動かされたように、船山にはそう感じられた。暖炉の火の勢いを調節して、船山は足音をしのばせるようにして部屋を出た。

琥珀《こはく》色をしたコーヒーのかおりが、ほのかに室内にただよった。天皇は、そのコーヒーカップに、目をそそがれている。しばらく、沈黙がながれた。マッカーサーが、何かをいおうとしたときだった。

背すじをのばし、両手をひざの上において居ずまいを正された天皇は、思いたったように口をひらかれた。

「敗戦にいたったこの戦争の、いろいろの責任が問われているが、責任はすべてこの私にある。文武百官《ぶんぶひゃっかん》は、私の任命するところですから、彼らに責任はない。

私の一身は、どうなろうとかまわない。私はあなたにおまかせする」

そして、天皇はさらにつづけられた。

「私は、国民が戦争を遂行《すいこう》することにあたって、政治、軍事両面で行なったすべての決定と行動に全責任を負うものとして、私自身をあなたの代表する諸国の裁決にゆだねるために（閣下）おたずねした」

天皇のこのご発言は、この会見にお供をした藤田侍従長が後に書いた『侍従長の回想』にふれられている。

もっとも、この天皇のご発言については、藤田侍従長や通訳の奥村、そしてヴァイニング夫人など、さまざまなバージョンがかたられている。

いまの天皇（今上《きんじょう》天皇）が皇太子時代、家庭教師をつとめたヴァイニング夫人は、マッカーサー元帥のお気に入りで、ときどき昼食会にまねかれた。そのとき、夫人は、マッカーサーから会見の内容を聞いたという。そのことを夫人は、日記に書いている。

1947年5月（昭和22年）の日記から、天皇とマッカーサーのやりとりを再現すると、このようになる。

マッカーサー「それでは、戦争責任をおとりになるか」
天皇「その質問に答える前に、私のほうから話をしたい」
マッカーサー「どうぞ、お話しください」
天皇「あなたが、私をどのようにしようともかまわない。私は、それを受け入れる。私を絞首刑《こうしゅけい》にしてもかまわない」

マッカーサーは、この会見にのぞむときに、天皇は、戦争犯罪者として起訴されないよう、〝命乞《いのちご》い〟にきたのだ、そう思っていた。

ところが、天皇は、自分の身はどうなってもかまわない。一身を犠牲《ぎせい》にして、責任を負うという決意に、マッカーサーは、心をゆりうごかされたのだ。あの戦争にかかわった力を持つ元帥として、そして人間として……。

マッカーサーは、そのときの感動を、こんなふうにつづっている。

《私は大きい感動にゆすぶられた。死をともなうほどの責任、それも私の諸事実に照らして、明らかに天皇に帰すべきではない責任を引き受けようとする、この勇気に満ちた態度は、私の骨のずいまでもゆりうごかした。

私はその瞬間、私の前にいる天皇が、個人の資格においても、日本の最上の紳士《しんし》であることを感じとったのである》（『マッカーサー回想記』）

ここから浮かびあがるのは、マッカーサーの胸のなかに、それまで昭和天皇に対していだいていた見かたが、音をたてるようにくずれたということであろう。

陛下《へいか》とあろうかたが…⁉

話を会見の部屋にもどそう。昭和天皇とマッカーサーが対面してから、20分くらいがたった。テーブルの上にだされたコーヒーに、天皇は、手をだされようとはしない。

応接室とそのおくの部屋は、カーテンで仕切られていた。そのカーテンのうしろでは、ジーン夫人と、7歳になる息子のアーサーが息をころすようにしていた。日本の天皇を見たいと思ったからだ。

「マジェスティ（陛下）は、コーヒーに口をつけられないわ。どうしてかしら……」

カーテンのかげから、そっとのぞいたジーン夫人が、つぶやくようにいった。

アーサーは、ものめずらしげな顔つきで、こっそりと天皇をのぞき見していた。

すると天皇が、椅子《いす》から立ち上がられた。そして、テーブルの横に立つと、姿勢を正してマッカーサーを見つめられた。

「閣下、ここで私が、ぜひともおねがいしたきことがあります。先ほど申し上げたように、戦争に関するいっさいの責任は、この私にあります。

しかしながら、現状においては、8000万人の国民が、住むに家なく、食べるに食なき、そういう状況にあります。誠に申し上げにくいことですが、どうか、あたたかき閣下のご配慮をもちまして、国民の衣食住にお力ぞえをたまわりますように……」

最後のほうで、天皇の声は少しふるえた。天皇は、マッカーサーに深々と頭を下げた。マッカーサーは、ただ、だまって聞いている。通訳の奥村の胸に、ひとりでに熱いものがこみあげた。

「どうぞ、おすわりになってください」

マッカーサーは、やわらいだ口調で天皇をうながした。そして、コーヒーをすすめた。だが、天皇は、コーヒーカップに手をさしのべられない。マッカーサーは、カップを持とうとした右手を、おもむろに引っこめるしかなかった。

藤田侍従長をはじめ、別室で待たされたお供《とも》の者は、やきもきしていた。予定では、会見は15分でおわるはずだった。だが、もう30分を過ぎている。時間が気になった。

（やっぱり、このまま陛下は、おもどりにならないのだろうか。監禁されてしまわれるのであろうか）

お供のそれぞれの胸を、不吉な想いがよぎった。そんなお供たちの危惧《きぐ》（おそれ）をよそに、応接室からマッカーサーの張りのある声がかすかにつたわってくる。天皇は、少しやわらいだ面《おも》持ちで、ときどきうなずかれた。

やがて、マッカーサーが椅子から腰を上げた。そして、天皇のほうに歩みよった。

「私は、陛下に感謝の意を表したい。占領軍の進駐がとどこおりなく進んでいるのも、すべて陛下のお力ぞえです。これからの日本を再建してゆくには、陛下のお力を乞《こ》わなければならぬことは多い。何かご意見でもあれば、どうぞ、いつでもおっしゃってください。

本日は、ようこそおいでくださいました。お礼を申し上げます」

ていねいな言葉づかいになったマッカーサーは、笑顔をうかべて、天皇と握手をかわした。こうして「世紀の会見」は終わった。はじめの予定では15分であったが、それは25分ものびたのだった。

大広間から出てこられた昭和天皇のお顔は、思いなしかやわらいで見えた。マッカーサーの表情にも、40分前とは、打って変わった温和さがあらわれていた。マッカーサーは、天皇をいたわるかのように、そのからだをそっとささえ、公邸の玄関まで見送りに出た。

これは、予定にはないことであった。玄関での送迎《そうげい》はしない、マッカーサーは、はじめにそう決めていたからだ。だから天皇を、玄関で迎《むか》えることはしなかった。だが、そのマッカーサーは、わざわざ玄関に出て天皇を見送ったのだ。

そこには、天皇に対するマッカーサーの感情が、わずか40分で大きく変わったことを、まざまざとうかがわせていた。


午前10時50分、昭和天皇と一行は、マッカーサーの見送りをうけ、皇居への帰路についた。

公邸の窓から、秋の日差しが降りそそいでいる。まだ、お昼前だというのに、船山貞吉には、長い一日が終わったように感じられた。応接室に入った船山は、暖炉の火の勢いを弱めた。

それから、テーブルの上を片づけようとした。その瞬間、船山はハッとなって、両手の動きをとめた。

そこには、天皇にお出ししたカップが、置かれた位置も、そして中身も、もとのままになっていた。

（陛下は、コーヒーに、お口をつけられなかったのだ……）

コーヒーカップを見つめる船山は、しばらく時間が止まったようになった。

普通にいって、相手が気持ちをこめてもてなしたものに、手をつけないというのは、礼を失《しっ》することになる。ましてや日本人は、こうした礼儀を重んじる、ゆかしい心をたいせつにする民族である。もてなされたことに、素直にこたえるのが、礼をつくすことなのだ。

それなのに、お口をつけられなかった。

（陛下とあろうかたが、意外なことだ。いったいどうして……）

船山には、そう思えてならなかった。

この日、天皇は、朝から緊張なさっていた。前にもふれたように、「天皇は落ち着きがなく、それまでのいくつかの緊張を、はっきりおもてに現していた」と、マッカーサーが回想していることからも、それはつたわってくる。

やはり、あまりの緊張と、勝者であるマッカーサー元帥のプレッシャーから、天皇は、コーヒーを召《め》し上がる気分にはならなかったのだろうか。

それとも、あるいは……。

「出されたものに、お手をつけられませぬように……」

万が一のことを考えて、側近の忠言《ちゅうげん》があったからなのであろうか。それというのも、宮内省の一部には、大使公邸から、ぶじにもどられるだろうか、そうした危ぶむ声があったからである。

だが、天皇は、礼を失することや、万が一などということは、とうに承知なさっていたはずなのだ。にもかかわらず、あえて、コーヒーに手をつけられなかった。

いったい、どうなさったのか。何が、天皇をそうさせずにはおかなかったのか。

よくよく考えてみると、そこには〝敗《ま》けた国の天皇であるが、私は自分の道をゆくのだ〟という、ゆるぎのない信念を態度で示された。そう思えてならないのだ。

この日、天皇がどうしてもマッカーサーにつたえたかったこと。聞きとどけてほしかったのは、ほかならぬ国民の命を救うことであった。

「私の身はどうなろうともかまわない。ひもじい思いをしている国民に、なにとぞ、なにとぞ早急に、食糧をとどけていただきたい」

わかりやすくいえば、このことをマッカーサーにうったえられたのだ。

それなのに、いま、目の前に出されたコーヒーを、この私が、口にできるであろうか。国民の命が危機にひんしているときに、どうして、おめおめとコーヒーなど、飲んでいる場合であろうか。

おそらく、天皇の胸のうちには、そんな想いが、ふつふつとわき上がったにちがいない。

〝一杯のコーヒー〟――。

たった一杯のコーヒーに、それからの日本の命運は、託《たく》されていたのだ。

もしも、天皇がやすやすと、このコーヒーに口をつけられたとしたら……。

マッカーサーは、それほど心を動かされなかったのかもしれない。日本の未来も、もしかしたら変わっていたにちがいない。

たった一杯のコーヒーに、国民の命を救ってほしいという、揺るぎない想いをかけられた昭和天皇。そこにマッカーサーは、深く感動したのだ。

Ⅷ

さよなら、マッカーサー元帥

父と息子《むすこ》

天皇とマッカーサーの初めての会見は、ひとまず終わった。天皇を見送ったマッカーサーは、いそいで公邸の居間に引きかえした。

「陛下を、送らぬと決めていたのに、いったい、自分はどうしたのだろう」

マッカーサーは、ジーン夫人にそういわずにはいられなかった。宙《ちゅう》に目をこらして、ふーっと息をついたマッカーサーは、ジーン夫人にかたりかけた。

「あれほどの人が、あそこまで自分を犠牲にしている。その胸のうちを察すると、ほんとうに心が痛んで苦しくなる。天皇は、じつに実直なかたで、人間的にも良いお人柄の持ち主でいられる」

そして、２階の居室に上がったマッカーサーは、しばらく閉じこもったままだった。

タバコをくゆらせながら、マッカーサーは、窓の外に目をやった。紫煙《しえん》が、ゆらめきながら窓外《そうがい》に吸い込まれてゆく。

その紫煙の彼方《かなた》に、昭和天皇の姿が、ぼんやりとかたちをつくった。一杯のコーヒーに、とうとう一口もふれることのなかった天皇の、おごそかなまでに端然《たんぜん》とした姿が……。

「コーヒー、一杯のコーヒーか……」

タバコをもみ消して、頬《ほお》づえをついたマッカーサーは、そっとつぶやいた。

この一杯のコーヒーには、こんな逸話《いつわ》がのこっている。この初会見のあと、天皇は元帥《げんすい》が帰国するまで、この公邸に10回も足をはこばれている。だが、マッカーサーは、この一杯のコーヒーに、天皇の心情をいたく感じたのであろう。以後は、天皇へのおもてなしはひかえられた。天皇とマッカーサーは、水さえも飲まずに会談をつづけたのだという。

会見を終えて、皇居にもどられる車中で、昭和天皇は、これまでになかったほど、あれこれと侍従長に話しかけられた。

（とりあえず、マッカーサー元帥に、自分がいいたいことは伝えた）

そんな想いが、天皇の気持ちをほんの少し軽くしたのであろう。大使公邸に向かわれたときの緊張された面《おも》ざしは、かげをひそめていた。

皇居に天皇がもどると、御文庫《おぶんこ》の玄関前で、側近たちがお迎えをした。車から降りられる天皇の足取りは軽かった。

「ごきげんよく、お帰りになられました」

皇后が、ほっとした表情をうかべてお辞儀をされた。

「ごきげんよう」

やや高めの声で天皇はいって、和《やわ》らいだお顔で皇后にこたえられた。

天皇とマッカーサーの初会見は、はじめ、いったいどうなるものかと、関係者は悪いほうにばかり思いをめぐらした。だが、終わってみれば、うまく運んだといっていいのであろう。

会見が成功した理由には、いろいろな説があて、結局のところ、これという真相はわからない。そこで推《お》しはかって考えてみると、その一つは、昭和天皇とマッカーサーの相性が、いいぐあいに合ったということがいえる。つまり、目には見えない何らかのはたらきで、ひかれ合うということだ。性格が合うということもあるだろう。

たとえば、はじめて合った人といい関係になるには、たぶんにこの相性にかかっている。相性が悪いと、なかなか友達にはなれないものだ。そういう意味で、マッカーサーと天皇のあいだに、おのずから友好関係が生まれたのであろう。

そして、この会見の成功は、戦後の日本とアメリカの関係を象徴するような出来事となったのだった。

二つめは、ふたりの年齢である。この日、たがいにはじめて会うことになったマッカーサーは、65歳。昭和天皇は、44歳。この親子ともいえる年齢差が、少なからず、新たな友情を生んだということがいえるのではないだろうか。

もっといえば、マッカーサーが父の役割をにない、昭和天皇が実直な息子の役割をになった。こうして、戦争における勝者と敗者のあいだにあった壁を消しさったのだ。

三つめは、〝一杯のコーヒー〟に象徴されるように、昭和天皇の毅然《きぜん》とした〝無私《むし》〟の姿が、マッカーサーの胸を強くノックした、ということがいえるだろう。

マッカーサーは、その『回想記』のなかでこう書いている。

「私は天皇が、戦争犯罪者として起訴《きそ》されないよう、自分の立場を訴《うった》えはじめるのではないかという不安を感じた」

この先入観があったということは、マッカーサーにとって、天皇は歓迎すべき客ではなかった。だが天皇は、〝命乞《いのちご》い〟などはしなかった。ひたすら国民を助けてほしいと、頭を下げられた。

もてなされた一杯のコーヒーに、天皇は口をつけなかった。ここは、たとえ、礼を失することになっても、自分は、国民の窮状《きゅうじょう》を何としても救いたい……。

一杯のコーヒーにたくされた天皇の切なる思い。その姿に、マッカーサーは、このかたとなら、日本を再生することができると、そう胸を打たれたにちがいない。

マッカーサーが、命乞いにやってきたと思っていた天皇は、堂々とそれに対応し、マッカーサーの先入観をふっとばされた。その姿にマッカーサーは、「日本のナイト（騎士《きし》）」を見たといっていいのかもしれない。

皇居前広場のデモ

歴史にのこる会見から、２週間あまりがたった。１９４５年（昭和20年）10月なかば、東京の銀座通りに、灯がともった。カフェやバーが、つぎつぎと店をオープンするようになった。

戦時中は「ゼイタクは敵だ」といわれ、これらの遊興《ゆうきょう》施設は、店をひらくことはできなかったからだ。そして、戦後はじめての映画『そよかぜ』が封切《ふうぎ》られた。

♪　赤いリンゴにくちびるよせて
　　だまって見ている青い空

リンゴはなんにもいわないけれど
リンゴの気持ちはよくわかる
リンゴかわいや
かわいやリンゴ

映画の主題歌『リンゴの唄』が大ヒット。街のあちこちで、質の悪いスピーカーは、わんわんと音量いっぱいにがなりたてた。

11月16日、久しくとだえていた大相撲《おおずもう》は、10日間の興行《こうぎょう》を打った。11月23日には、プロ野球が復活した。しかし、終戦からまだ3か月、東京の街は、空襲による焼け跡がむざんな姿をむきだしにしている。

あちこちに闇市《やみいち》（不法に品物を売る店が集まった市場）はできたが、その日の食事にもこと欠く人たちがあふれていた。しかし、あの戦争による暗い時代から、ようやく自由をえられたという、ささやかな喜びが、道ゆく人たちの顔に見られるようになった。

だが、やはり人びとは飢《う》えていた。

1946年（昭和21年）5月1日、11年ぶりにメーデーが復活した。全国各地で何百万人ともしれない労働者や市民があつまって、デモや集会をひらいた。皇居前広場には、50万人もの人びとがおしよせた。

東京・世田谷区では、主食である米の配給が、おくれていた。人びとの怒りは、もう頂点に達した。そして5月12日、「米よこせ区民大会」がひらかれる。

「我々にのこされた道は、天皇のところへ行くよりほかにない」

リーダーの呼びかけで、人びとは皇居前広場に押しかけた。その日は、日曜日だったが、当直の宮内省職員らと、皇居・坂下門でもみ合いになった。

「天皇に合わせろ！」

「天皇よ、出てこい！」

人びとは、口々にわめきたてた。そのシュプレヒコールはさんざめきとなって、皇居をすっぽりと包みこんだ。

その2日後、5月14日、デモ隊はふたたび皇居に押しよせた。

「天皇に直接に面会して、回答を要求する！」

デモ隊は、一歩もゆずらなかった。宮内省は、「代表者から陳情を聞いて、それを陛下に報告する」と応じた。が、デモ隊は引きさがらない。人びとは、だんだん暴徒と化すようになった。そしてGHQは、ついに声明をだした。

「かかる規律なき暴力の行使は、今後は許されない」と。人びとは、なすところもなく退散した。

ところが、それから5日後、皇居前広場で、〝食糧メーデー〟はひらかれた。公称25万人が、皇居の森に向かってスローガンをがなりたてた。もはや、騒ぎは日増しに大きくなった。

そんな一連の騒動を、天皇はとうに耳にされていた。食糧不足によって、人びとの心がすさんでいくことを、深くうれえられた。

「私が、ラジオで国民にうったえよう」

5月24日、終戦の〝玉音放送《ぎょくおん》〟以来、天皇はふたたびマイクの前に立ち、録音された。

「祖国再建の第一歩は、国民生活、とりわけ食生活の安定にある……、乏《とぼ》しきを分かち、苦しみをともにするの覚悟をあらたにし、同胞たがいに助け合って、この窮状を切りぬけねばならない……………」

天皇は、はじめて口語体《こうご》で呼びかけた。昼夜3回にわたってラジオで放送されたが、国民の反応は、気の毒なほどに冷たかった。

〝同胞たがいに助け合って〟などと、そんな精神論をいくら語っても、国民の胸にはとどかないほど、誰もが飢えていたのだ。

それから天皇は、沈痛な面《おも》ざしで悩みぬかれた。どんなに、国民を言葉で励ましても、どんなに、呼びかけてみたところで、いま、必要なのは、目の前の食糧なのだ。

だが、あの日、一杯のコーヒーに、口もつけずに願いでたことに、マッカーサーは、なかなかこたえてくれない。そんないらだちにも似た思いが、天皇の胸をよぎった。

5月31日、マッカーサーとの2回めの会談に、天皇はのぞまれた。

ふしぎことに、ふたりのあいだには、互いの気持ちがかよい合うような空気が生まれていた。天皇は、はじめてマッカーサーに会ったときのように、表情をかたくされてはいなかった。

1時間半におよんだ会談は、終わりに近づいた。天皇は、おもむろにこういわれた。

「先般、お目にかかった折り、閣下にお願いいたしたこと……それは、ひっぱくする食糧事情にご配慮をたまわりたいということでありました。なにとぞ、国民の窮状をお察しいただき、ご高配たまわらんこと、かさねてお願いいたしたく思います」

こうして、天皇の再度のうったえで、窮状に手がさしのべられることになった。

マッカーサーは、連合軍が持っている輸入小麦を、緊急に日本に送ることを命じた。そして、まもなく70万トンの食糧が届いた。それからも、GHQは日本の食糧難に目をくばるようになった。

一時は「一千万人が餓死《がし》する」ともいわれた食糧危機は、こうして打開されることになった。

マッカーサーと天皇の会見は、それからもつづけられた。

1945年9月にはじまり、1951年（昭和26年）4月まで、およそ5年半のあいだに、天皇は11回にわたり、大使館公邸にマッカーサーを訪問した。

ときには話がはずみ、会見は2時間をこえることもあった。

この間、天皇は、マッカーサーと暗黙のうちに、心をかよわされたといっていいであろう。そしてマッカーサーも、天皇の実直さに接するうち、いつしか胸襟《きょうきん》をひらかざるを得なくなったのだ。

マッカーサーは、『回想記』でこんなふうに天皇を激賞している。

《天皇は、私が話し合ったほとんど、どの日本人よりも民主的な考え方をしっかり身につけていた。天皇は、日本の精神的復活に大きい役割を演じ、占領の成功は、天皇の誠実な協力と影響力に負うところが、きわめて大きかった》と――。

時は流れて、1965年（昭和40年）8月のこと。昭和天皇は、宮内《くない》記者会の会見にのぞまれた。記者から「戦後20年、もっとも印象の深かったことは……？」という質問がなげかけられた。天皇は、しばらく考えるまをもってから、こう答えた。

「終戦直後、マッカーサー元帥に会ったことです。10回ぐらい会ったが、元帥は東洋の思想にも通じており、一度約束したことは守りとおす信義のあつい人だった。あのような人が日本にきたことは、日本のためによかったと印象深い」

天皇の生涯において、マッカーサーがいかに大きな存在であったかがつたわってくる。

凍《こお》りついた頬《ほお》

連合国軍最高司令官として、ダグラス・マッカーサーは、昭和天皇との会見のあと、財閥《ざいばつ》の解体、農地改革、そして婦人参政権の確立などの政策を、つぎつぎに推しすすめた。何よりも食糧危機を救い、経済を再建させ、天皇制を存続させた功績には、すこぶる大きいものがある。

ところが、そのマッカーサーを、晴天の霹靂《へきれき》ともいうべき事態が、とつぜん見舞う。

1951年（昭和26年）4月11日――、東京の空は、朝からどんよりとした雲におおわれていた。桜の花は、もう、だいぶぶんが散りはじめていた。午後4時すぎのこと。

「マッカーサー、解任さる！」

ラジオの臨時ニュースが、くり返しそうつたえた。日本中に大きな衝撃が走った。このニュースを、天皇は侍従から知らされた。しばらく茫然《ぼうぜん》となられた天皇は、ようやく侍従のほうをふりむかれた。

「やはり、ほんとうだったか……」

そうつぶやくと、あらためて、驚きをあらわにされた。天皇の脳裡《のうり》に、元帥とのおよそ6年にわたるあれこれが、それこそ走馬灯《そうまとう》のように浮かんだことは想像にかたくない。

思い起こせば、1945年（昭和20年）、天皇、そして日本の命運《めいうん》は、マッカーサー元帥の胸三寸《むねさんずん》にゆだねられていた。その元帥がいま、たった一通の大統領からの電報で、くびを切られてしまったのだ。天皇の受けられた衝撃は大きく、そのまま沈黙をつづけられたままだった。

この日（4月11日）、アメリカ大統領トルーマンは、ホワイトハウスに記者団を招集した。そして、マッカーサーを罷免《ひめん》（職をやめさせること）することを公表した。

マッカーサーが、この解任の知らせを聞いたのは副官からであった。マッカーサーは大使館で、昼食に招いた客をジーン夫人とともにもてなしていた。そこへ副官が足早にやってきて、一通の電報を差しだした。

その電報に目を走らせたマッカーサーは、一瞬、凍《こお》りついたように黙って立ちつくした。

（いったい、何ごとが起きたのだろう）

客のだれもが面くらった。ようやく我にかえったマッカーサーは、ジーン夫人のそばにより、耳もとで事のなりゆきを話した。そして、そこにいる客たちにも聞こえるように、さりげない調子でこういった。

「ジーン、これで……やっと故郷に帰れるね」

昼食会は、そのままつづけられた。だがマッカーサーは、仮面のようになった静かな表情を、最後まで変えなかった。

71歳になったこの老元帥にとって、一通の電報は、屈辱《くつじょく》以外の何ものでもなかったに相違ない。

とつぜんのマッカーサー解任――、いったい、トルーマン大統領とのあいだに、どんなあつれきが生じたのだろうか。

この前年の1950年（昭和25年）、朝鮮戦争が勃発《ぼっぱつ》した。この戦争における軍事上の見解で、マッカーサーは、ことごとくトルーマン大統領と対立することとなった。

マッカーサーは、自ら朝鮮半島に乗り込んで、戦闘の指揮をとる。北朝鮮をあと押しする中国に対抗するには、アメリカはさらなる軍備増強をしなければならない。マッカーサーは、そう主張してゆずらなかった。しかし、トルーマンは何とか休戦にしたいと考えていた。

こうして両者の対立はきわだち、独断的で、あたかも自分が大統領であるかのようなマッカーサーの態度に、トルーマンの堪忍袋《かんにんぶくろ》の緒《お》は切れたのだ。非礼ともいえるとつぜんの解任声明は、その怒りのはげしさを、まざまざと見せつけたものだった。


マッカーサーが、いよいよ日本を離れる日が近づいてきた。

「マッカーサー元帥をこのさい、宮中にお招《まね》きしたいものだが」

天皇の意向をうけた宮内省は、大使館の副官に、マッカーサーに皇居に来ていただけないかという旨《むね》をつたえた。だが、マッカーサーからの返事は、天皇の希望に添うことはなかった。おそらくマッカーサーは、解任されて、ただの退役《たいえき》軍人となってしまった自分が、天皇を訪ねてゆくことに、とても耐えられないと感じたのであろう。

１９５１年（昭和26年）４月16日、午前６時30分――、マッカーサーが乗ったクライスラーは、アメリカ大使館の正門を出発した。その正門のすぐ近くでは、警視庁音楽隊が『星条旗よ永遠なれ』を高らかに演奏し、アメリカ陸海空、海兵隊、そして警視庁の儀仗《ぎじょう》隊が敬礼をしながら見送った。

羽田空港までの沿道には、早朝だというのに、20万人をこえる市民がつめかけた。マッカーサーが乗ったクライスラーが通りすぎると、群衆は手づくりの星条旗や、両手をふって歓声をあげた。なかには、泣いている人もいた。

空港には各国の大使館員、ＧＨＱの将校、吉田茂首相以下、衆参両院議長や政府関係者、そしておおぜいの日本人が、マッカーサーの到着を待っていた。

やがて、陸軍の音楽隊が演奏する『将軍行進《ゼネラル・マーチ》』がひびきわたった。そのマーチに合わせ、古びた軍帽にカーキ色の軍服、その上にトレンチコートをまとったマッカーサーが、ゆっくりとした足どりであらわれた。

19発の礼砲がとどろくなか、マッカーサーは、感無量の面持《おも》ちで儀仗兵を閲兵《えっぺい》した。

午前7時20分、マッカーサーとジーン夫人、そして愛息《あいそく》のアーサーが、専用機「バターン号」のタラップをのぼる。

マッカーサーは、タラップの上で一度、ふりかえり、それから右手を大きくふった。

「また、帰ってきてくださーい」

「バンザーイ、元帥！」

空港につめかけた日本人は、てんでに「万歳！」を叫んだ。かつては敵国のにっくき将であったマッカーサーに、日本人は愛惜《あいせき》の思いを寄せていたのだ。

空港は、まだ、朝もやにつつまれていた。

バターン号は、そのもやのなかを、ゆっくりと動きはじめた。

「さようなら、マッカーサー元帥!」

人びとの声が高まるなか、バターン号は飛びたった。そして、朝もやのなかに吸い込まれるように姿を消していった。


この日、ひとりだけ、マッカーサーが待っていた日本人がこなかった。それは、昭和天皇である。天皇は、最後の会見で、すでに別れを告げられていた。だから、あえて見送りにならなかったのだ。だが、マッカーサーは、予告なしに、天皇が空港に見送りにくることを期待していたのかもしれない。

マッカーサーの専用機が、羽田空港を飛びたったころ、いつもより早く目覚められた天皇は、お住まいの御文庫の庭に立たれた。

空は、明るく晴れている。天皇は、空を見上げられた。そして、静かに目を閉じられた。その天皇の胸のうちに、マッカーサーとのありし日が、静かにしのびよるように浮かんだ。

あの日、マッカーサーのもてなしに、素直にはこたえることができなかった〝一杯のコーヒー〟が、あざやかに浮かんだ。

IX

昭和天皇の全国巡幸

「あっ、そう」

話は前後することになるが、マッカーサーが、帰国する前に、昭和天皇が断行されたことにふれておかねばならない。

「現人神《あらひとがみ》」であった天皇が、自らその神格《しんかく》を否定し、「人間宣言」を行なったのは、1946年（昭和21年）1月1日のことだった。

この人間宣言を発してから、1か月半後、昭和天皇は全国巡幸《じゅんこう》をはじめる。

「戦争によって、祖先からの領土を失い、多くの国民の生命を失い、たいへんな災《わざわ》いをうけた。このさい、わたくしとしては、どうすればいいのかを考え、また自ら退位することも考えた。

しかし、よくよく考えた末、このさいは全国をくまなく歩いて、国民をなぐさめ、励まし、また復興のために立ち上がらせるための勇気をあたえることが、自分の責任だと思う」

昭和天皇は、側近にこう語られたというが、その思いは、日を追うごとに強くなっていった。だが、それまで雲の上にいた天皇が、にわかに国民大衆のなかに分け入るのは、たいへんな勇気と決心がいることであった。

それというのも、戦争で何もかも失った人たちには、天皇に恨《うら》みをもつであろう人々もいた。国民がこぞって、歓迎するわけではない。天皇の生命が危機に瀕《ひん》することも予想せねばならなかった。宮内省（いまの宮内庁）は、内心、それを恐れた。

だが、昭和天皇の思いは、とてもおさえがたいものとなった。

「戦禍《せんか》を受け、肉親を失った国民たちをなぐさめ、立ち直るために、このわたしが声をかけてはげましたい」

天皇のこの気持ちには、マッカーサーとの初会見で、〝一杯のコーヒー〟に、口もつけられず、ひたすら、国民の窮状を訴えたときの思いに通じるものがあった。

1946年（昭和21年）2月19日。

昭和天皇の全国行脚《あんぎゃ》の旅は、神奈川県川崎市からスタートすることになった。

この日、天皇が乗った古い黒塗りのメルセデスベンツは、京浜《けいひん》国道をひた走り、川崎へと向かった。ほかの4台には、侍従長ら関係者が乗った。車列は午前9時45分、昭和電工川崎工場に着いた。

およそ12万坪《つぼ》の広い敷地に建つ工場のほとんどは、空襲による猛爆撃で破壊されていた。それでも戦後は、化学肥料の生産を行ない、戦時中の生産力の10パーセントまで復旧していた。

天皇は、工場を見てまわった。そして、居並ぶ工員たちのそばに近づかれた。

「何年、ここに勤めておるか。生活状態はどうかな」

工員にこう語りかけられたのが、全国巡幸の第一声であった。

「ただいまのところ、生活は大丈夫であります」

最初の中年の工員が、声をふるわせて答えた。天皇は、ホッとした表情を浮かべ、つぎの工員の前に進まれた。

「食べものは、大丈夫か」

「よく、寝られるか」

天皇は、短い言葉で問いかけられる。その声はややかん高く、たどたどしく聞こえたが、やさしいひびきがあった。

そして答えが返ってくると、「あっ、そう」といわれた。工員のなかには、感きわまって泣いている者が多かった。

その後、立ち寄られた横浜市の仮設住宅では、主婦たちに声をかけられた。

「これでは、寒いだろう」

「はい、たいへん寒うございます」

被災者の主婦が、正直にそう答えた。

「あっ、そう」

天皇は、そう言葉を返された。

この「あっ、そう」をそっけない返事と受けとるむきもあったが、対話になれていない天皇には、精一杯の返事だった。天皇にとって、国民と直接に接するのはじめてのこと。天皇ご自身も、緊張されていたのだ。

巡幸がくり返されるにつれ、天皇は、この「あっ、そう」を連発された。この「あっ、そう」では、のちに九州を巡幸されたとき、こんなエピソードが残っている。

「陛下、あちらに見えますのが、阿蘇《あそ》の山々でございます」

「あっ、そう」

そう答えられて、笑いを誘ったこともある。しかし、「あっ、そう」は、昭和天皇ならではのお言葉で、やがて国民は親近感をもつようになり、流行語にまでなった。

巡幸はその後、地方ブロックごとに行なわれた。3月には埼玉、群馬を訪れられ、農村や紡績《ぼうせき》工場、学校などをまわられた。

さらに中部地方、近畿地方へと天皇は足をのばされる。被災地や被災者が暮らす仮設住宅、戦災孤児《こじ》の施設、引き揚げ者たちがひらいた開拓《かいたく》村など、戦争による痛みの大きかった人々のもとを訪問された。

巡幸の先々で、国民は熱狂的に天皇を歓迎した。〝人間宣言〟をした天皇を見てみたい、という好奇心もてつだって、いたるところで大変な人だかりとなった。

そして人々は天皇の肉声にふれ、一様に驚いた。その温和な容姿と、かざらない態度は、かつての軍服姿もいかめしかった天皇とは結びつかない。人々は、信じられぬような気持ちで天皇を眺《なが》めたのだった。

岩手県宮古港を訪れ、鈴なりの市民に迎えられる
天皇裕仁(後・昭和天皇)　1947年8月8日
写真提供：毎日新聞社

大阪や名古屋では、何千人という大群衆が、天皇をめがけて殺到する騒ぎとなった。そのため、立ち往生した天皇は、靴《くつ》を踏まれ、服のボタンがちぎれ、警備当局がハラハラしなければならなかった。

そんな日、天皇は宿舎にもどると、側近の侍従たちにこういわれた。

「今日も、人波がくずれたね。けが人が出ないかと心配だった。一か所に混雑しないほうが、みなによく会えてよいと思う」

そんな心配をされるほど、天皇は、日がたつにつれ、国民のなかに分け入っていかれた。

関係者が腐心《ふしん》したのは、天皇が宿泊される施設が、なかなか確保できないことだった。戦災で、みんな破壊されていたからだ。そのため、宿舎といえば、県庁の応接室、公会堂、ときには小学校の教室、駅の引込《ひきこみ》線の列車でひと晩を過ごされることもあった。

侍従は、お風呂をどうしたものかと気をもんだが、陛下は笑ってこうおっしゃった。

「不自由な暮らしをしている国民を考えれば、わたしは平気だ。10日ぐらいは、風呂に入らなくてかまわないよ」

そして天皇は、侍従長にこう要望されたという。

「戦後、まだ日も浅く、国民はみな、生活に困っている。わたしはそれをなぐさめ、励ましにいくのが目的なのだから、この巡幸のために、無駄《むだ》な出費があるようでは意味がない」

地下450メートル

巡幸での天皇は、背広にソフト帽というお姿で、国民に向かって何度も帽子をとられ、軽く会釈《えしゃく》した。

そのため、天皇の髪《かみ》は乱れたが、天皇は「これでいいのだ」と、意に介さなかった。「あっ、そう」も、人間天皇を示す言葉として、国民のあいだに浸透していった。

１９４７年（昭和22年）４月、昭和天皇は、誕生日にさいしての記者会見に臨《のぞ》まれた。

「今後の日本の復興のためには、石炭が大事だから、機会があれば、炭鉱にも行きたいと思っている」

このご意向が実現したのは、それから４か月後の８月５日のこと。

天皇は、福島県の常磐炭鉱《じょうばんたんこう》を訪ねられた。そして、地下４５０メートル、気温42度という坑内《こうない》に入られた。

坑内では、上半身裸《はだか》になった坑夫《こうふ》たちが、汗にまみれながら黙々と働いている。その坑夫たちのきびしい現場に、天皇は、いたく胸を打たれたご様子だった。

「苦しくはないか」

「さぞ……暑いことであろう」

短いが、心をこめて、ひとりひとりに声をかけられた。

そして、この年の12月、昭和天皇は広島を、1949年（昭和24年）5月には長崎を訪問され、原爆症患者を見舞った。

しかし、GHQ（連合国総司令部）は当初、天皇の巡幸は、国民から非難を浴び、失敗に終わるだろうと予想していた。そして、もし、この全国巡幸が、天皇の不人気を示す結果になったら、最高司令官のマッカーサーは、天皇の処遇を考えなおしたかもしれないのだ。

たとえば、天皇を戦争裁判の証人として、喚問《かんもん》するという対応をとらざるをえなかったかもしれないのだ。

だが、GHQの予想は外《はず》れた。国民は、全国津々浦々で、熱狂して天皇を迎えた。巡幸は、マッカーサーやGHQの幹部に、天皇の人気を見せつけることになった。

全国巡幸は、天皇に新しい役割を与え、国民と天皇を結びつけることにおいて、大成功となったのである。巡幸がはじまると、人々は、ひとりの人間としての天皇を、新聞で読んだり、ニュース映画でみたりして、身近に感じるようになった。

この天皇の人気に、マッカーサーもあらためて驚いた。マッカーサーは、この巡幸がスタートする前に、「天皇を戦犯にすることは不可能である」という意見書を、本国のアメリカに送っていたが、それが的《まと》を射《い》ていたことを知らされる結果となったのだ。

当時のイギリスの新聞は、その驚きをこうつたえている。

《日本は敗戦して外国軍隊に占領されているが、天皇の国民への声望《せいぼう》はほとんど衰えていない。各地の巡幸で、群衆は天皇に対して超人的な存在に対するように敬礼した。何もかも破壊された日本の社会では、天皇が唯一の安定点をな

している》

そして、昭和天皇が国民を第一にと実践された巡幸は、日本の戦後復興に、すこぶる大きな影響をもたらしたといっていいだろう。

お召《めし》列車が走ることで、全国各地の鉄道路線が回復し、農村をはじめ、生産能力が落ちていた工場に、元気を取り戻すきっかけをつくったのであった。

《昭和天皇も、それを願って訪問先をお考えになられていたようだ》

当時の入江《いりえ》相政《すけまさ》侍従長が、その著書で述べていることからもわかる。

地下450メートルの炭鉱に入って、抗夫たちをねぎらわれ、田の畦《あぜ》道をひたすら歩いて農民たちを励まされ、漁村の水揚げ場へも足をはこんで、日焼けした漁師たちに声をかけられた昭和天皇。

1946年（昭和21年）2月にスタートした全国巡幸は、1951年（昭和26年）までに本州、四国、九州を終えた。

北海道は「治安上、責任がもてぬ」ということで延びていたが、１９５４年（昭和29年）にようやく実現した。この帰途、天皇は、はじめて民間の飛行機に乗られた。

「こんなに快適なものとは、知らなかった」

素朴《そぼく》な驚きを、側近たちに話されたという。

足かけ８年にわたった巡幸は、こうして終わった。その全行程は、３万３０００キロ。戦後の混乱期に、昭和天皇は、強行スケジュールで全国を駆けめぐったのだった。

その昭和天皇は、沖縄訪問を果たせなかったことを、最後まで気にかけていたという。

X

祈りの旅

投げつけられた火炎《かえん》びん

あの太平洋戦争で、沖縄は、本土で唯一の戦場となった。１００日に及ぶすさまじい血戦の果てに、じつに20万人という尊い命が失われた。中学生や女学生までが、前線で銃をとるという極限に追い込まれた。

幼児や老人は、足手まといだということで、殺されたり、〝がま〟といわれた壕《ごう》のなかで、手榴弾《しゅりゅうだん》で自決し、あるいは自決《じけつ》させられた人は、どれだけの数にのぼったことだろうか。とても、数えきれるものではない。

その沖縄は、歴代の首相の粘りづよい交渉が功《こう》を奏《そう》して、ついに１９７２年（昭和47年）5月、じつに27年ぶりに日本に復帰した。

敗戦の混乱のなかで、あえぎながら生きようとする国民を励《はげ》ましたい。その熱い思いからスタートした昭和天皇の全国巡幸は、沖縄だけがとり残された。だが、返還と同時に、天皇は、沖縄を訪ねてよかったと思われる。

しかし、なぜか昭和天皇は、沖縄には二の足を踏みつづけた。沖縄が返還される前の1965年（昭和40年）の夏、ご静養先の那須御用邸《なすごようてい》（栃木県）で、宮内記者会の記者会見が行なわれた。

「陛下は、全国を巡幸されましたが、沖縄だけが残っております。県民からも、ぜひ、きていただきたい、との声もあります」

こう問われたのに対し、天皇はつぎのように答えられた。

「沖縄の人から来てほしい、という話は聞いていない。だが、沖縄のおかれている立場など、むずかしい問題もあるので、いまは行くとか、行かないとはいえない」

とても、歯切れの悪い、消極的な答えにとどまった。その背景には、当時は革新《かくしん》勢力が強く、警備局が反対しているという事情があったようだ。だが、あえて訪問に踏みきられるのが良策ではなかったのか。

そうすれば、沖縄県民たちの心も、おそらくほぐれたのではなかっただろうか。そう思えてならないのだが……。

そんな父君、昭和天皇が果たせなかった思いを、復帰から3年後に実行にうつされたのが、今の天皇（今上《きんじょう》天皇）であった。

1975年（昭和50年）7月、「沖縄海洋博」が開催された。国民の多くが沖縄への思いを新たにし、おおぜいの人々が沖縄を訪れることになった。

この沖縄海洋博の名誉総裁をつとめられたのが、現天皇、そのころは皇太子《こうたいし》であった。父君の昭和天皇から、ことあるごとにレクチャーを受けられていたのであろう。皇太子（現天皇）は、ずいぶん昔から、沖縄への理解を深めていた。

専門家から、しばしば沖縄の実情を聞いたり、沖縄の歴史、文化、生活などについて、意欲的に勉強されたのだった。

たとえばそのころ、沖縄から「本土親善中学生交歓訪問団」が、休みを利用して東京へくるようになった。本州のことを沖縄の人々につたえようという、いわゆる〝豆記者《まめ》〟たちだった。皇太子ご夫妻は、彼らを御所《ごしょ》に招かれた。

そして、沖縄のおかれた状況を、県民たちのいまの気持ちを〝豆記者〟たちから聞かれ、沖縄への思いをつよくされたのだ。

「昭和天皇が果たされなかったことを、自分は、何としても果たしたい」

いまの天皇である皇太子は、そのとき、そう強く望まれた。だが、宮内庁や警察当局は、皇太子ご夫妻の身の上の安全を、何より危惧《きぐ》せざるをえなかった。

というのも、皇太子ご夫妻の沖縄行きをはばむ過激派が、坂下門から皇居内に突入するという事件が起きたからである。これに加えて、沖縄の空気もおだやかではなかった。

「いましばらく、時機《じき》をお待ちになられてはいかがでしょうか」

宮内庁の幹部は、そう進言《しんげん》した。だが、皇太子の決意はかたかった。

「たとい、石を投げられてもいい。わたしは行きます。いや、行かねばならないのです」

それは不退転《ふたいてん》の決意――。何ごとにも屈せず、かたく自分を信じて進もうとされる、皇太子の姿勢だった。こうして、昭和天皇の思いを受けついだ皇太子は、美智子妃《ひ》とともに沖縄に旅立つことになった。


1975年（昭和50年）7月17日――。

沖縄の空は、まばゆいばかりに晴れて、海の彼方《かなた》に積乱雲《せきらんうん》がむくむくとわいていた。

正午すぎ、那覇《なは》空港についた皇太子ご夫妻は、すぐに大激戦の地、「南部戦跡」に向かわれた。ご夫妻が乗った車は、途中、糸満《いとまん》市にさしかかった。大通りを、車は進む。

「帰れぇ、帰れ！」

「ここを、どこだと思ってるんだぁ！」

そんな声が、やんやとひびいた。そして、病院の3階の窓から、車列をめがけてコーラのびんが投げつけられた。予想されたとおり、手きびしい迎えをうけた。

幸いに何ごともなく、皇太子ご夫妻が乗った車は、糸満市の郊外にある「ひめゆりの塔《とう》」についた。

この塔の地下は、長い壕《ごう》になっている。太平洋戦争のとき、陸軍の野戦病院があったところだ。沖縄が戦場となったとき、沖縄師範《しはん》の女子部と県立第一高等女学校の生徒たちによって「ひめゆり学徒部隊」が結成された。

彼女たちは、砲弾や弾丸が、あられのように飛びかうなかをかいくぐり、傷病兵を病院に収容し、その介抱に命をかけて従事したのだ。

そして、この「ひめゆりの塔」には、敵弾にたおれ、あるいは追いつめられ、自決して果てた女学生たち、224名が合祀《ごうし》され、沖縄きっての聖地となっている。

だからこそ皇太子ご夫妻は、空港からそのままここに直行されたのだ。

ご夫妻は碑前《ひぜん》に花をそなえ、長い祈《いの》りをささげられた。それが終わって、県立第一高女の同窓会長が、ご夫妻に、「ひめゆり学徒部隊」について説明をはじめた。そのときだった。

塔のおくの地下壕から、不意にふたりの青年が飛びだした。

「うわーっ、そーれぇ！」

なにやら叫《さけ》ぶと、ご夫妻をめがけて火炎びんを投げつけた。たちまち、炎が燃えあがった。とっさのことで、ご夫妻は立ちすくむしかない。

「天皇、糾弾《きゅうだん》……！」

ふたりの青年は、たけり狂ったように叫び、さらに爆竹《ばくちく》を鳴らして、ご夫妻におそいかかろうとした。その瞬間、ふたりは警官にねじ伏せられた。皇太子と美智子妃は、SPにかこまれて事なきをえた。だが、おふたりのお顔は、しばらくこわばったままだった。

犯人のひとりは地元、もうひとりは東京の学生で、前日から食糧を持ち込んで、壕内にかくれていたのだった。

バンザイクリフ

沖縄の人びとの心には、ぬぐいさることのできない怒りと悲しみがある。皇太子ご夫妻は、そのことを身をもって感じられた。

その夜、ご夫妻は、宿泊先のホテルで異例の談話を発表された。それは、地元のテレビで放送された。沖縄県民にかたりかけられた談話は、800字余りの長文であったが、その一部を、ここで引用してみたい。

《長いあいだの念願がかない、沖縄県を訪問することができました。過去に多くの苦難を経験しながらも、つねに平和を願望しつづけてきた沖縄は、さきの大戦でわが国では唯一の、住民を巻きこむ戦場と化し、幾多の悲惨な犠牲をはらい、今日《こんにち》にいたったことは、忘れることのできない大きな不幸であり、犠牲者や遺族の方がたのことを思うとき、悲しみと痛恨《つうこん》の思いにしたされます。

私たちは沖縄の苦難の歴史を思い、沖縄戦における県民の傷痕《きずあと》を深くかえりみ、平和への願いを未来につなぎ、ともどもに力を合わせて努力していきたいと思います。

払われた多くの犠牲は、いっときの行為や言葉によって、あがなえるものではなく、人々が長い年月をかけてこれを記憶し、一人ひとり深い内省のなかにあって、この地に心を寄せつづけていくことをおいて考えられません。

県民のみなさんには、過去の戦争体験を、人類普遍の平和希求《ききゅう》の願いに昇華《しょうか》させ、これからの沖縄県を築きあげることに、力を合わせていかれるよう、心

から期待しています》

皇太子ご夫妻は、心から誠実な思いを吐露《とろ》された。テレビに聴き入りながら胸を打たれ、涙をこらえきれなくなった県民が多かったといわれる。

翌日、ご夫妻は、「健児《けんじ》の塔」「黎明《れいめい》の塔」など戦争で犠牲となった人びとの慰霊碑を訪ねられ、ふかく頭をたれて祈りをささげられた。また、ハンセン病患者の施設や老人ホームなどを訪問された。

沖縄は、炎暑まっただなかの季節だった。

皇太子はダブルのスーツを着られていたが、ワイシャツは汗でびっしょりと濡《ぬ》れ、美智子妃のくびすじから汗はしたたり落ちた。が、おふたりは、一度として汗をぬぐおうとされなかったという。

そして感動的なシーンは、皇太子ご夫妻が帰路につかれる那覇空港で見られた。

空港の送迎客を仕切るフェンスの向こう側に、おおぜいの若者たちが集まっていた。ご夫妻の車は、フェンスの近くでストップした。

「美智子さま〜!」

「また、沖縄にきてください」

頬《ほお》を紅潮させ、若者たちは叫びながら、ちぎれんばかりに手をふっている。

予期せぬことだった。車から降り立った美智子妃は、つかつかとフェンスに駆《か》けよられた。

「ありがとう、みなさん」

幾度《いくど》もそれをくり返しながら、美智子妃は、フェンスの金網越しに、若者たちと手先をふれ合わせてこたえられた。

皇太子ご夫妻の祈りが、沖縄の人びとにつたわった瞬間であった。

それから15年、新しい時代の天皇そして皇后となられたおふたりは、〝祈りの旅〟をつづけられている。それは国内だけでなく、海外にもひろがった。

２００５年（平成17年）６月、両陛下は長いあいだ願われてきたサイパンへの慰霊の旅を実現された。

この島には「バンザイクリフ」と呼ばれる断崖《だんがい》がある。太平洋戦争の終わり、上陸した米軍に追いつめられた多くの日本人が、身を投げた場所だ。捕虜《ほりょ》となるよりも死を選んで、「天皇陛下、万歳！」や家族の名前を叫びながら、絶壁からてんでに身をひるがえしたのだ。

眼下に紺碧《こんぺき》の海がひろがっている。断崖に立たれた両陛下は、かの悲劇に思いを馳《は》せられ、しずかに黙とうをささげられた。

そこには、戦争犠牲者への鎮魂《ちんこん》と平和を、ひたすら願われる両陛下のひたむきな姿があった。

いまはとて島果ての崖《がけ》踏みけりし
をみなの足裏《あうら》思へばかなし

皇后・美智子さまは、崖っぷちを蹴《け》って、砕《くだ》ける怒《ど》とうに身をひるがえした人びとへの鎮魂をこう詠《よ》まれた。

平成の時代、天皇が皇后・美智子さまとともに、慰問の旅をされる原点には、いったい、何があるのだろうか。これは、あくまで私の推測にすぎないが、父である昭和天皇が敗戦後、「戦争で打ちひしがれた国民を励《はげ》ましたい」と、全国を巡幸されたことにつながると、そう思えてならないのだ。

そのころ、まだ学習院中等科の生徒だった陛下は、父君の姿を目にやきつけられたのであろう。

そして、この昭和天皇の思いを引きついだ陛下は、日本国の〝象徴〟としての天皇はどうあるべきかを、ずっと考えられ、皇后・美智子さまと手をたずさえて、探しもとめられてきたのだ。

そして導きだされた答えが〝国民の苦しみを分かちあって、自分の苦しみとする〟、そういうことではないだろうか。

「国民とともに」――、どんなときもこの思いを心におかれ、祈りの旅をつづけられてきた両陛下。

そこには、遠いあの日、国民を救いたいという思いを託された、昭和天皇の〝一杯のコーヒー〟が、蜃気楼《しんきろう》のように浮かんでくるのだ。

おわり

あとがき

この目で初めて昭和天皇を見たのは、たしか6歳になったばかりの秋のことである。

私が育った郷里は、富山県の北西部に位置する田舎町である。遠いあの日、古びた駅舎の前に昭和天皇は降り立った。

日の丸の小旗《こばた》が波のように揺れ、駅前の広場は人びとの歓声で沸騰した。ソフト帽を手にした天皇は、ぎこちない足取りで人びとに近づき、何やら話しかける。私はこの人が、日本でいちばん偉い人だ、という認識ぐらいで、ただ人びとに倣《なら》って小旗を振った。

「天皇陛下、万歳!」――、だれもが、ちぎれんばかりに旗を振る。茣蓙《ござ》の上に正座をした年寄りたちは、みな、こうべを垂《た》れていた。なかには、感きわまって泣いている人もいた。私は、人びとがなぜ泣くのか、不思議でならなかった。

こう書くと、とても鮮やかな記憶となるが、実のところは、幼い日のおぼろげな追憶の断片にすぎない。

しかし、それから十年ほどがたち、高校生の私は、あれが昭和天皇の〝全国巡幸〟の一環であったとことを知った。終戦の前年に生まれた私は、戦争というものの実感を肌では知らないが、あの日、歴史のひとコマを垣間見《かいまみ》たことだけは事実なのだ。

歳月は流れ、ノンフィクションの分野で様々な事象を取材し、執筆するようになった。そんな私が、皇室のことに関心を持つようになったのは、20年ほど前のことである。皇室ジャーナリストの河原敏明《かわはらとしあき》氏と知遇を得た。

そして氏から、皇室に関する知識や、皇室記事を執筆するにあたっての留意点などを、いろいろと教示していただいた。

そんなある日、〝太平洋戦争と昭和天皇〟ということが話題になり、いたく心をひかれたのが、「一杯のコーヒー」の謎であった。以来、一杯のコーヒーは、私の胸のどこかで、わだかまりを持って居座るようになった。

終戦直後、昭和天皇がダグラス・マッカーサーと会見し、それが敗戦によって打ちひしがれた日本と日本人を、復興へと導く端緒《たんしょ》となったことは周知の事実である。この会見については、多くの研究書や歴史を検証する書籍が出版されている。

だが、難しい議論はさておいて、私は、日本の行く末の象徴となった〝一杯のコーヒー〟に視点を置きたかった。ひとりの人間としての天皇の真情を、紡いでみたかったのだ。

あの戦争があったことも知らない世代が、とみに増えている。しかし、私たちは、あの戦争を決して忘れてはいけないのだ。

豊かさを、あたかも日常と錯覚するようになった私たちは、いまこそ、未曾有《みぞう》の国難に直面したあのときに、思いを馳せねばならないと思う。

本書が昭和史のもう一つの側面をひもとき、読んでくださる方の胸襟に少しでも触れることができれば幸いである。

平成25年6月

綾野まさる

本書を執筆するにあたり、左記の書物にいろいろと教えられました。記して厚く感謝いたします。

【参考文献】

菊池久『天皇陛下とマッカーサー』（河出文庫）
加瀬英明『天皇家の戦い』（新潮文庫）
藤田尚徳『侍従長の回想』（中公文庫）
工藤美代子『マッカーサー伝説』（恒文社21）
榊原夏『マッカーサー元帥と昭和天皇』（集英社新書）
河原敏明『天皇裕仁の昭和史』（文藝春秋）
読売新聞社編『昭和史の天皇』（中公文庫）
佐藤友之『昭和天皇下の事件簿』（現代書館）

小森陽一『天皇の玉音放送』（朝日文庫）
河原敏明『美智子妃』（講談社）
豊下楢彦『昭和天皇・マッカーサー会見』（岩波現代文庫）
別冊歴史読本『日本の決断とマッカーサー』（新人物往来社）
岩波新書編集部編『昭和の終焉』（岩波新書）
玉木研二『占領の秋～1945～』（藤原書店）
船山喜久彌『白頭鷲と桜の木』（亜紀書房）
入江相政『天皇さまの還暦』（朝日新聞社）
ウィリアム・シーボルト『日本占領外交の回想』（野末賢三訳　朝日新聞社）
ダグラス・マッカーサー『マッカーサー回想記』（津島一夫訳　朝日新聞社）

綾野まさる

1944年、富山県生まれ。67年、日本コロムビア入社。5年間のサラリーマン生活後、フリーのライターに。特にいのちの尊厳に焦点をあてたノンフィクション分野で執筆。また、皇室ジャーナリストとして雑誌等で執筆。94年、第2回盲導犬サーブ記念文学賞受賞。

主な作品に「帰ってきたジロー」「ほんとうのハチ公物語」「ほんとうの南極犬物語」「いのちのあさがお」「いのちの作文」「ＩＮＯＲＩ－いのりー」（以上ハート出版）、「君をわすれない」「ぎん言」（小学館）ほか多数。日本児童文学者協会会員

日本音楽著作権協会（出）許諾第1306398-301号

一杯のコーヒー

平成25年6月27日　第1刷発行

ISBN978-4-89295-926-4　C0093

著　者　綾野まさる
発行者　日高裕明
発行所　ハート出版
〒171-0014 東京都豊島区池袋3-9-23
TEL. 03-3590-6077　FAX. 03-3590-6078

編集／佐々木照美
印刷・製本／中央精版印刷
乱丁、落丁はお取り替えします。その他お気づきの点がございましたら、お知らせ下さい。